Les Sept Clés du Bonheur

A mes  enfants

Que la lumière qui a guidé mes pas
guide leurs pas vers la même lumière.

Ainsi soit-il.

# COMMENT RETABLIR LA LOI DE L'HOSPITALITE

Comment bien servir Dieu, ce Grand architecte de l'Univers avec un esprit éclairé et universel.

Comment se nourrir de l'esprit du Grand Œuvre et s'ouvrir à la Grande Fraternité tout en conservant son humble place d'être humain.

Comment réunir tous les frères et sœurs de toutes cultures et de tous les continents pour leur parler d'Amour avec un Grand « A ».

Comment recevoir directement dans sa propre cellule divine, l'essence de TOUT pour devenir à son tour un bon serviteur terrestre auprès de ses semblables et devenir un bon acteur de la paix.

Comment ne pas se servir de Dieu sans lui rendre une contribution en retour de son Amour **depuis le Terre ( la planète des mutations)**

Comment retrouver « son héritage » oublié dans sa mémoire en regagnant son autonomie pour accepter avec joie et simplicité tous les rôles nécessaires à sa découverte.

Comment s'unir à sa propre communauté intérieure pour mieux s'ouvrir à l'extérieur et offrir LA LOI DE L'HOSPITALITE pour bien servir le Dieu Unique pour tous (quel que soit le nom qu'on lui donne) et réussir son séjour terrestre.

Comment remercier le Créateur de son hospitalité et bien vivre son invitation terrestre en prenant conscience de son propre « sablier »

**UN INVITE A -T- IL TOUS LES DROITS ?**

REMERCIEMENTS

Avant tout, je tiens à remercier mon ami Jean-Claude Mohamed HAOUARIA qui a su avec ses mots simples et limpides, m'offrir les bienfaits de la loi de **l'hospitalité.** Avec la force « du messager » qu'il a toujours été.

Jean-Claude est un être tout-à-fait exceptionnel et unique. Il a un dévouement rare pour son prochain avec une immense fraternité universelle qu'il détient d'une conviction et d'une foi absolue en notre Créateur.

Jean-Claude est un Grand Médium spirituel et Mage de père en fils. Son bureau est rempli de milliers de lettres de remerciements de tous les continents, car depuis plus de 35 ans, ce Saint-Homme, a offert les sept clés de la loi de l'Hospitalité avec beaucoup de son temps, d 'écoute et de patience, au sacrifice de sa vie personnelle.

***Aujourd'hui, il s'adresse aux générations futures pour aider et continuer à diffuser cette loi primordiale et divine. Elle s'adresse à tous les êtres vivants et animés de toutes religions, de toutes cultures, car cette loi nous vient du Créateur lui-même, il y a des milliers d'années et aujourd'hui nous en sommes*** TOUS ***LES HERITIERS.***

De messagers en messagers, cette loi se transmet oralement, et J.C.M.H. est le témoin transmetteur de notre millénaire, comme les autres l'ont offert avant lui.

Ils étaient tous des porte-paroles, avant que l'écrit ne vienne semer le trouble dans les esprits selon que l'écriture se lit de gauche ou de droite pour imposer des principes et des superstitions. Le langage écrit a ainsi reçu

4

des modifications *très humaines,* selon les traductions et les inspirations personnelles de chacun et des époques.

La *religion est sublime dans son ensemble ;* il est regrettable que « certains *religieux hermétiques* » en ont changé le sens en occultant certains versets d'origine, en cachant certaines vérités trop simples, en modifiant certaines paraboles pour les rendre « *sectaires* » et très orientées dans leurs profondeurs.

Ce qui est **DIVIN appartient à TOUS** et nous sommes tous les héritiers de l'ensemble.

Ces êtres « religieux *du moment* » ont modifié le bien fondé de « *notre histoire* » et nous ***payons*** aujourd'hui collectivement toutes les maladresses devenues des erreurs avec la répétition de temps.

Aujourd'hui en l'AN 2000 qui en veut « *personnellement* » au Patriarche ABRAHAM ? et qui rejette le Libérateur MOISE ? Certains refusent de CHRIST comme « *messie* » et sans le savoir, nous profitons tous de l'énergie de Christos qui représente « *la voie du cœur* ». Quant au Prophète MOHAMED, il reste inconnu pour une grande partie de l'occident car il est confondu avec « *l'Islam et !"intégrisme* », alors que lui n'a fait que transmettre les messages qu'il avait reçus. **Qui faut-il condamné ?** le Saint-Homme, l'Ange Gabriel apparu ou faut-il lui en vouloir « *personnellement* » en rapport à l'héritage spirituel qu'il a voulu transmettre avec la loi de l'hospitalité qui devait rassembler son peuple dans « **la *paix et dans l'amour* »**.

### Qu'en reste-il aujourd'hui ?

Tous ces « GRANDS MESSAGERS » ont eu une fin tragique, car la VERITE, L'AMOUR, LA PAIX, dérangent « *les fanatiques* ». Ils sont incompris de leur temps et remplissent les livres d'histoires des écoliers du futur qui les reconnaissent comme « *élus* », **après bien après...**

Le messager est élu par le Créateur, « *Eternel* », car il a atteint un degré de pureté, de sagesse, de savoir et d'humilité.

Il est admis en qualité de « *SAGE* » en Haut et parmi ses frères humains. Il est **<u>l'héritier</u>** et reçoit cet ultime cadeau avec la confiance et le respect. Ce suprême « *cadeau* » est presque un sacerdoce à diffuser massivement parce qu'il sait qu'il est en avance sur l'ensemble de l'humanité car sa pensée est créatrice et il projette déjà la vision du futur.

**Il accepte d'enseigner ses frères et sœurs pour préparer le futur. Il attend Seulement une contribution universelle pour l'Eternel en remerciement et en pardon pour l'ingérable poids du passé qui nous a rendu tous responsables « des karmas collectifs » que nous devons dissoudre dans l'énergie d'amour pour nous alléger et être exaucés.**

Il est regrettable, que ce millénaire n'a pas changé la reconnaissance du « *messager* » malgré tous les dons de prédictions et de guérisons (vérifiés) à travers tout l'univers qui s'inscrivent comme des preuves irréfutables. C'est la descendance, dans une ou plusieurs générations qui l'approuvera, <u>sans doute</u> « *à cause* » du décalage horaire.

**Comment ouvrir le IIème millénaire avec la même inconscience qu'au moyen âge. Reconnaissons les valeurs et les mérites de chacun et évitons les confusions car tous les porte-paroles ne sont pas des messagers spirituels...**

Merci Jean-Claude « J.C.M.H. » porte-parole du Très Haut pour les précieux conseils et les messages d'authenticité de l'Eternel. Il est urgent de rétablir la loi de d'hospitalité dans tous les cœurs car seul le pardon sincère fera progresser toute l'humanité ensemble.

**A mon tour, je ne fais que citer et transmettre tout ce que j'ai compris pour le « bien » de chacun et de TOUS, afin que tous les enfants retrouvent la paix de l'esprit et vivent heureux sur cette même terre nourricière.**

**Toute la Galaxie le réclame car la vie ne se perpétue que sur la TERRE.**

*AMEN*

# INTRODUTION

La vie passe et le temps manque à chacun pour agir, pour accomplir tout ce qu'il doit dire et faire.

A tous je dis : « Prenez le temps qu'il vous faut et n'oubliez pas qui vous êtes dans la création, et que vous avez un sablier au-dessus de la tête. »

Le temps est rythmé par quatre saisons. Il y a plusieurs calendriers, une courbe et un temps de rotation différent pour chaque astre, un soleil et une lune par Univers, et un astre bleu et vert. Tout cela tout le monde le sait. Il est temps de dépasser « son petit Moi personnel » et de s'ouvrir à plus grand et plus vaste en découvrant la maison de l'Univers et son fonctionnement de l'intérieur.

De l'extérieur les scientifiques s'en chargent. Ils doivent maintenant accepter l'inexplicable et comprendre les lois métaphysiques et universelles pour que leur temps ne soit pas dépassé.

### Il y a deux temps importants :

- celui du calendrier où nous vivons pour communiquer et vivre avec ses semblables,

- celui de sa propre centrale et de son étape actuelle pour ne pas disjoncter et se trouver dans le néant.

Il faut ajouter la constance de ses 'convictions pour assembler cette nouvelle trinité : **âme, corps, esprit,** car l'horloge c'est nous.

Aimer dans le partage et l'échange sans jugement intérieur c'est être fraternel au départ et universel ensuite.

L'universel ne rejoint pas uniquement les groupes et les âmes isolées parce qu'aucun clan ne correspond véritablement à leur point de vue.

L'amour universel ne veut pas séparer, diviser et détruire la famille divine, bien au contraire, il souhaite la réunir et l'unir dans la liberté, tout en conservant **un esprit saint** car rejeter le groupe ne veut pas dire l'Eternel, le créateur de toute vie.

L'Eternel aime tous ses enfants et n'a choisi aucun groupe pour le représenter ; il a offert des messagers et des porte-paroles humains pour aider à faire avancer l'humanité vers la liberté et la conscience éclairée.

Certains êtres pris pour des messagers ont fait des choix qui ont trompé l'existence de toute une descendance humaine qui n'a de cesse que la vengeance et la haine au nom d'un Dieu qui juge et qui punit.

La descendance humaine a oublié le premier cadeau que Dieu nous a offert en respectant sa parole, **le libre-arbitre** et la liberté de nos choix qui en découle.

Les faux messagers ont inspiré des nouvelles Lois et des peurs préfabriquées. Ils ont inventé des punitions irréversibles que nous perpétuons inlassablement dans notre ignorance.

Les Saintes Ecritures d'origines, inscrites sur des tablettes d'argile, réapparaîtront dans ce nouveau millénaire et la vérité sera cinglante pour tous ceux qui ont caché leurs sens prétendant détenir l'unique savoir.

La Vérité est réclamée par l'Ame du Monde et le pouvoir divin s'en charge. L'originel retrouvera sa place pour le bienfait de toutes les nouvelles générations qui veulent vivre dans la paix et la compréhension.

*Le partage, le Savoir, l'Amour universel et inconditionnel vers notre future génération, doit être une occupation prioritaire pour nous tous, car le dernier arrivé mérite toute notre attention.*

# PREFACE

De grandes découvertes auront lieu avec des bouleversements « naturels » à venir et il n'est pas nécessaire de régler les mauvais agissements du passé car ils se régleront tout « seuls » en n'étant plus d'actualité. Nous devons nous préoccuper de diffuser la Paix pour tous les êtres animés de la planète et rester vigilants sur la Vérité Absolue. Nous devons ne faire confiance qu'à notre Père Eternel qui n'a jamais trahi ses enfants, même s'ils se sont détournés de Lui le temps de comprendre et d'apprendre ce que tout enfant doit savoir :

-L'œuvre doit passer avant l'orgueil.

-La vérité d'aujourd'hui n'est plus celle d'hier et on
ne doit pas réparer une injustice par une autre injustice.

-La haine n'est que la colère des faibles.

## Nulle apocalypse ne succède à l'abolition

-La liberté est un droit légitime et naturel qui
nous a été offert, et qui ne s'efface qu'avec la vie.

-La propriété de l'homme par l'homme est un
crime.

-Toute l'humanité a des responsabilités dans les crimes
qu'engendre cette même humanité.

L'Histoire de l'humanité nous est imposée par notre passé.

## A nous de l'assumer en partage et de l'accepter.

L'Etre humain doit revenir à la simplicité pour se libérer
des vieux thèmes du passé, et réapprendre à

devenir libre et libéré. Il doit savoir qui il est véritablement et d'où il vient.

Notre évolution progresse et tout l'Univers se modifie grâce à nos formes-pensées qui changent. Nous devons créer de nouveaux mondes par la pensée.

Les expériences acquises au cours de cette vie et des anciennes se condensent et fusionnent grâce aux nouvelles énergies de la Terre.

L'Homme doit établir une vraie relation avec Dieu par un lien intérieur pour devenir indivisible. Rien ne doit à nouveau séparer l'Homme et Dieu, l'enfant et la mère, le Créateur et sa création.

Il faut rendre sa valeur à l'être humain et identifier les énergies de la Déesse Mère en nous reliant à notre ADN « astral et universel » et à notre véritable héritage. La loi de l'Hospitalité aide à ouvrir les portes.

Des rayons énergétiques puissants et nouveaux affluent sur notre planète pour stimuler le changement et la réorganisation à l'intérieur de notre corps et de notre ADN. Il nous appartient de les accepter, de les comprendre et de vouloir être toujours là au bon moment, et au bon endroit, bien vivant sur Terre et heureux de vivre l'harmonie et la paix intérieure.

Un bouleversement sans précédent se produit actuellement à l'intérieur de notre Terre. Cette mutation était annoncée par les textes anciens comme « la transition des âges ». Un cycle de 200.000 ans se parachève. Ce n'est plus trois zéros qu'il faut définir, c'est cinq infinis. Les mutations qui se mettent en place seront très importantes et il nous faudra nous adapter si nous ne voulons pas être surpris par l'Infini (le non définissable), c'est à dire Soi, dans le profond de son être.

Nous avons déjà reçu :

- 7 étapes pour retrouver notre pouvoir de guérison.

- 7 forces spirituelles et physiques du corps humain, ainsi qu'une synthèse des enseignements des trois traditions spirituelles (chakras hindous, sacrements chrétiens et arbre de vie de la kabbale).

- 6 mots clés d'Occident (transparence, conviction, vérité, sagesse, lumière, présence).

- 9 mots clés d'Orient (méditation, éveil à soi, compassion, concentration, efficacité, observation, énergie, détachement, gestes justes.

- 7 emplois de pronoms clés, les 6 pronoms personnels conjugués à tous les temps pour offrir et s'ouvrir à l'hospitalité et accueillir l'énergie divine (je, tu, il/elle, nous, vous, ils/elles) et le pronom indéfini « on » (indéfinissable), qui est impliqué malgré lui invariable et coupable, présent ou absent par défaut. « On » est en fait votre patrimoine intérieur, et plus vite il sera défini, plus vite votre existence sera remplie et riche.

L'être humain a reçu en héritage, un passe-partout pour l'aider à bien vivre son temps terrestre. Il est la septième clé qui unit **l'ORIENT et l'OCCIDENT.**

Combien d'entre nous savent bien utiliser ces outils intemporels et à la portée de tous ?

L'être humain est uni dans la Trinité (Père, Mère, Fils) et doit toujours vivre la trinité inséparable (âme, corps, esprit) en trois **phases en même temps :**


- Il doit conserver son regard d'enfant face à la découverte.

- Il doit pout toujours conserver un cœur d'adolescent face à ses sentiments et à l'amour.

- Dans le même temps, il devient adulte quand sonne l'heure car il a compris le sens de ses responsabilités. Il ne fuit pas, et il les assume.

- Il assiste et respecte tout ce qui l'entoure sans se laisser piéger par ses émotions pour bien vivre l'état de tolérance.

La confiance s'acquiert par nos actes et non par nos paroles. Seuls nos actes restent avec la mise en pratique de nos pensées et de nos idées novatrices.

Un acte que l'on ose, exprime *un* désir que l'on a pensé. Si on réprouve un acte pour soi-même ou pour les autres, c'est qu'il a été mal reçu ou mal vécu par soi-même ou par l'ensemble ; car ce qui n'est pas bien pour soi est ressenti négativement par tout l'ensemble en vertu de la loi des résonances.

Une conduite est une suite d'actes et de ressentis. Ils doivent être justes et équitables et s'adapter à tous, sinon ils apportent le désordre. L'Homme a créé des lois pour lui-même et ses semblables. L'Eternel, lui, nous a offert des lois universelles sans nous les imposer. Nous avons le libre-arbitre de les accepter et de les utiliser librement.

La pensée est libre et créatrice, seuls nos actes nous freinent et nous emprisonnent si nous agissons avec lâcheté.

# ACTE I

## Présence et Rencontre

Qui suis-je pour vous demander de croire en Moi et de changer vos habitudes ?

Je souhaiterais vous offrir quelques découvertes et vous raconter votre histoire. Avant tout, sachez que je vous aime et que si vous existez aujourd'hui, c'est aussi grâce à Moi, car je vous accompagne depuis votre création et j'inspire votre esprit. Je demeure au service de notre Créateur, l'Unique, le Seul, celui qui est Tout ; **JE SUIS... Vous l'appelez l'Eternel, ce grand régisseur de l'Univers.**

*Qui es-tu petite voix ?*
*Je t'entends du dedans de ma conscience !*

Je suis un grain de sable du fond de l'océan qui est arrivé sur une plage avec tous mes frères et sœurs pour rejoindre le cristal enseveli, la rose des sables, témoin que la vie murmure du fond du désert.

Je suis un grain du sel répandu sur toutes les routes de votre planète, dans une fraternité unie ; je suis indispensable à votre existence.

Je suis une goutte d'eau dans les nuages. Je me transforme en pluie ; je viens me reposer sur vos montagnes et redescendre dans vos rivières.

Je suis la Source, l'eau de la vie et sans moi vous ne pouvez pas vivre.

Je suis une transmission de lumière, une centrale énergétique qui nettoie vos canaux et les purifie à tout moment si vous acceptez de vous reposer sur l'arbre de vie et retrouver la raison.

Je guide votre conscience vers la voie du cœur et je vous aide à entretenir votre fruit, votre âme éternelle.

L'Esprit n'a pas de limites, de frontières et encore moins de patrie. Il fait partie intégrante du Grand Œuvre, celui qui nous a tous invités à partager un moment sur l'astre bleu et vert pour comprendre, apprendre à se connaître, savoir et transmettre.

Oh ! ne me cherchez pas, je suis invisible et translucide et rien ne peut m'atteindre, pas même vos émotions.

Des livres, des écrits, des points de vue multiples et variés remplissent vos bibliothèques. Certains sont sages, d'autres respectables et d'autres encore engagés. Moi je voudrais vous parler de « Vous », vous lire les histoires de votre propre bibliothèque et ouvrir en votre compagnie le livre de « Vos Vies ».

Il est rempli d'êtres animés, d'histoires défendues, de tabous périmés car la date de péremption a expiré, de préjugés dépassés, d'images de gloire et de désespoir, d'essais de bonheur et de liberté. Si vous me le permettez j'aimerais vous les présenter. Ils sont tous « Vous ». Sans votre accord ils resteront invisibles. J'ai besoin de votre autorisation, je n'oblige pas, je n'impose rien, je n'exige rien. J'attends avec patience et amour le bon moment pour me présenter à Vous.

Il y a tellement de personnages dans les mémoires contenues dans vos milliards de cellules qu'ils rempliraient entièrement un grand théâtre. Même les strapontins sont occupés par des vies que vos méprises ont écourtées. Tous ces personnages sont venus vous accompagner. Tant que vous ne les reconnaîtrez pas, ils resteront à côté de vous sans vous gêner. Ils ne vous aideront pas tant que vous ne les aurez pas intégrés en vous.

*Je t'entends très bien petite voix,*
*Pourquoi me vouvoyer si tu es Moi ?*

Je suis votre meilleure amie, votre complice, votre âme-sœur, aujourd'hui vous m'avez oubliée et je n'emploierai le tutoiement qu'au moment où vous m'aurez retrouvée et reconnue.

Je vous respecte, sachez que **la vie se vit de l'intérieur vers l'extérieur** et Vous, vous faites l'inverse ! Alors je suis à la porte de votre conscience et j'attends. Je suis patiente vous savez ; le temps n'existe pas pour moi. Votre sablier à vous diminue chaque jour dans un gâchis insupportable ! Je représente toujours le grain de sable comprimé à l'intérieur.

Je suis la paix, l'amour, la joie et la première de vos vies. Je peux tout vous raconter car j'étais présente à chacune de vos représentations même si quelquefois je voulais fermer les yeux. Dupuis votre esprit, je vois tout, j'entends tout, je ressens tout et j'écoute même votre silence. Je reste éveillée quand vous dormez car pour moi vos vies sont une suite de journées sans fin et sans pause.

Vous m'avez entretenue d'illusions, de chimères de rêves, d'espoirs, de colères, d'orgueil, de doutes, d'amour, de passions et de quelques lueurs et d'essais de clarté.

Savez-vous que vos personnages sont affligés de vous voir Vous débattre dans ce mauvais rôle actuel et ne s'intéressent pas à ce tour de piste inutile. Car vous régressez en tournant en rond !

Le théâtre est entièrement rempli de leur présence, leur attention est ailleurs, comme la vôtre d'ailleurs. Vous êtes dispersé.

Avant d'envisager l'Union avec Moi, pensez à vous rassembler et apprenez à vous découvrir. Vous ne pouvez pas imaginer les richesses qui sont en vous !

Vous avez enfermé votre âme derrière tous les costumes. Elle est patiente et vous attend derrière les décors et le faste de tous ces vêtements inutiles, pour pouvoir sortir du placard l'habit de lumière que vous attendez, sans oser prononcer son nom. Vous rappelez-vous qu'il représentait **votre héritage** et que vous l'aimiez, avant, il y a longtemps...

Sur la scène vous étiez fier et heureux de briller de mille feux, Votre ego et votre orgueil ont maintenant rendu votre âme inaccessible à vous-même, car vos convictions manquent de constance. Ne la cherchez pas aujourd'hui, elle est invisible. Seuls les yeux de votre esprit auront ce bonheur de la revoir quand vous serez prêt.

Vous l'avez oublié ; autrefois vous connaissiez tout cela. Tous vos sens étaient en éveil, vous n'aviez aucun doute, aucun préjugé et les autres n'arrivaient pas à vous atteindre, même ceux que vous estimiez parfaits, car vous saviez que vous étiez le meilleur acteur. Vous aviez confiance et foi en vous et en l'Eternel notre Père. Vos sentiments étaient intenses et tout votre public vous estimait et restait suspendu à vos lèvres. Vos paroles étaient justes et remplies de conviction profonde et de vérité.

Aujourd'hui, vous vous êtes égaré par maladresse dans de mauvais rôles et vous vous êtes détourné du regard de votre Père. Même si votre Mère continue à vous nourrir et à vous accueillir sur son sol nourricier, vous avez oublié la **Loi de l'Hospitalité.**

Une mère ne renvoie pas son enfant ! La vôtre revient chaque nuit vous regarder dormir et vous bercer comme au premier jour. Elle est seulement chagrinée de vous voir piétiner et souffrir inutilement.

Tous vos personnages sont ici et attendent que vous soyez présent à vous-même pour revenir habiter en vous. Ils attendent que vous réanimiez votre existence du mouvement de la vie, de votre flamme. Certains ont de l'amour pour vous, d'autres de la tendresse, d'autres encore de la complicité, et tous ont de la compassion et de la patience. Ils vous ont tous fait confiance et vous ont chéri en acceptant tous vos rôles nécessaires à votre apprentissage.

Que s'est-il passé ? Ce rôle devait être le dernier, car à force de répétitions, vous aviez mérité de l'avancement et prendre le rôle de metteur en scène ; c'est vous qui deviez diriger les opérations. Pourquoi avez-vous manqué de constance dans vos convictions et êtes-vous retourné dans l'incertitude du doute et de l'illusion ? Certes vous avez reçu depuis toujours votre libre-arbitre... Vos lois sont trop rigides et sans accompagnement, vous n'avez pas su utiliser l'Arbre de la Connaissance avec justesse. Vous avez été, malgré vous, impliqué dans la **dualité.**

*Petite voix ou grain de sable,*
*J'ai honte et je regrette mon déséquilibre*
*Apprends-moi l'Harmonie, s'il te plaît.*

Eh bien, l'Harmonie c'est de se mettre sur le chemin initiatique. Car oser, c'est vouloir, et vouloir, c'est pouvoir. Vous devez inviter l'Eternel et tout le pouvoir divin à venir vivre en vous, au centre de vous, à tout moment de votre existence, tout en utilisant avec respect :

1.	Vos cinq sens physiques oubliés que vous appeliez instincts. Vous devez apprendre à vous ouvrir au plan divin qui habite votre conscience éclairée dite « supérieure » pour augmenter votre intuition, aller plus loin et voir davantage en vous rapprochant de Moi.

2.	Être toujours en accord avec vos choix et votre vérité (la profonde, celle de l'intérieur)

3.	Être en collaboration étroite avec l'Universel pour vous assembler avec votre propre lumière intérieure.

4.	Vous intéressez à la Grande Fraternité qui est plus grande que vous ; vous intéresser à autrui pour être compris de tout votre entourage, et découvrir le partage.

5.	Ne plus continuer à vivre dans l'ego, l'orgueil et la soif du pouvoir et comprendre pourquoi vous êtes là en ce moment de passage terrestre.

6.	Apprendre à vivre entre la raison et l'émotion pour rester intègre et intégral et retrouver votre constance journalière.

7.	Retrouver une juste place à l'extérieur, dans la société et en vous-même, un juste équilibre pour vivre heureux avec votre entourage dans cette vie, au présent et à tous moments.

8.	Prendre conscience qu'il est urgent de reconnaître votre âme, car c'est le régisseur de tous vos corps et de tous vos centres de force. En fait votre cerveau n'agit qu'en super ordinateur qui traite les données des programmes commandés, et votre cerveau n'est pas en corrélation avec votre âme et votre esprit.

*Je ne comprends pas bien petite voix.*
*D'où viennent ces centres de force dont tu parles ?*
*Moi je ne vois qu'un seul corps et ne sens*
*Qu'une seule peau quand je me pince*


Ecoutez-moi bien Acteur, avec vos deux oreilles pour bien entendre et comprendre les mécanismes :

Votre corps physique est un automate très perfectionné qui n'est comparable à aucune machine confectionnée par l'Homme.

Ce corps est contrôlé et commandé par le corps éthérique qui est une centrale d'énergies. Il échappe à vos sens et c'est lui qui reçoit votre affectivité, votre mental. Il se relie à votre âme, même si matière et énergie veulent dire la même chose.

*Ainsi les énergies reçues de votre âme transitent dans vos trois corps :* mental, affectif et éthérique, et par sept centres de force :

- Les 3 centres modèles sont la tête, le cœur et la gorge

- Les 3 centres reflets sont le centre de la base de la colonne vertébrale, le plexus solaire et le centre sacré.

Il y a un centre d'union, placé entre les deux yeux, au milieu du front.

Les sept centres de force se retrouvent dans les trois corps à des fréquences vibratoires différentes. Les trois autres modèles, de la tête, du cœur et de la gorge se retrouvent dans le corps mental et constituent le corps causal de l'âme.

Vous comprenez pourquoi il est urgent de retrouver votre âme pour vivre en spiritualité car le corps éthérique est le dernier à recevoir les énergies venant des autres corps.

Votre corps éthérique est relié au corps physique par l'intermédiaire des glandes endocrines de la façon suivante :

- le centre de la tête est relié au cerveau
- le centre du cœur au cœur et au système Circulatoire
- Le centre de la gorge au système respiratoire
le centre frontal au système nerveux
- le centre du plexus solaire au système digestif
- le centre sacré aux glandes sexuelles et à la vie animale
- la base de la colonne vertébrale aux reins.

Ainsi les énergies sont les sept rayons et chaque centre reçoit son rayon ou chakra (ce dernier terme étant oriental). L'énergie reçue est variable selon l'animation de chaque centre et de votre degré d'évolution personnel.

<u>La Tête</u> représente le 1er aspect, donc la volonté initiale, l'intention, le père, la vitalité, la volonté de vivre, l'instinct de conservation.

Le 1er aspect reçoit le 7ème *rayon (reflet* du 1er rayon ou le 4èmè rayon), l'Union.

<u>Le Cœur</u> manifeste le 2ème aspect donc la qualité, l'amour, le fils. Son reflet est le plexus solaire qui transmet l'émotion, la dévotion, l'idéalisme.

Il reçoit le 6ème *rayon (reflet* du 2ème).

<u>La Gorge</u> est concernée par le 3ème aspect ou 3ème *rayon.* Ce centre transmet l'intelligence, l'énergie du mental.
Son reflet, le centre sacré, transmet l'activité physique (3ème *ou* 7ème *rayon)*

Enfin, <u>le Centre frontal</u> réalise peu à peu l'union du reflet et du modèle, l'union de l'esprit et de la matière, (1er et 3ème aspect).

Au cours de vos vies multiples, vous avez développé petit à petit ces centres.

Ils existent car l'Homme divin ou « divinisé » vit en Vous. Vos centres supérieurs sommeillent et n'assurent que la transmission des énergies jusqu'au moment où votre mental s'éveille, jusqu'à ce que le transfert de créativité physique s'élève à la créativité mentale d'innovation.

L'énergie s'élève ainsi peu à peu du centre sacré jusqu'au centre de la gorge. Il en est de même pour l'amour égoïste et jaloux du début que vous transmutez en amour du prochain pour continuer à vous élever dans la passion et la lumière. Vous n'y êtes pas encore acteur, sachez cependant que l'énergie s'élèvera du plexus au centre du cœur.

C'est seulement au dernier stade que l'énergie de tous les centres convergera vers le centre frontal et le centre de la tête. Votre personnalité et votre âme se confondront et vous vivrez avec tout votre potentiel. Nous tous (votre communauté intérieure) avec l'Esprit divin, nous pourrons nous identifier au Maître (notre Père avec qui chacun se sentira en fusion unique).

*Merci petite voix de m'avoir enseigné un peu*
*Comment fonctionnent les énergies !*

Acteur, sachez ceci : la première des lois universelle est la Loi de l 'Hospitalité et une des premières vérités à rétablir c'est la Trinité.

Tout est ternaire et vous devez abandonner définitivement la dualité et le langage négatif qui entraîne **le doute,** car tout ce qui est pensé est possible s'il n'y a pas de séparation entre l'âme et le corps.

*Oh ! petite voix, j'aimerais être ton ami.*
*Je me sens si seul parfois*
*Malgré tout ce qui m'entoure !*

Entre Vous et Moi, il y a plus qu'une amitié, un échange extérieur. Je suis en vous, intégrée et intègre. J'ai accepté de vous accompagner quand vous avez signé votre contrat de vie et j'ai toujours été là. Cependant, je peux vous dire que l'amitié est un superbe échange quand il est véritable. Elle a un sens car c'est une histoire d'amour entre deux personnes. L'échange s'offre ou se refuse cependant ne doit pas se mendier ou se négocier. Il permet une complicité et cela fait également partie de l'hospitalité.

L'échange est un réel contrat constamment renouvelé non pas dans le don seulement, il est aussi dans son contenu car il se nourrit de la qualité des rapports. Plus l'échange est intense intérieurement et plus il brille à l'extérieur au point de de se sentir fraternel dans l'union.

Une amitié rapidement offerte peut vous entraîner à vivre une fausse amitié sans échange valable, et vous mettre dans une souricière, en otage de l'autre par votre faiblesse. Votre manque de discernement initial vous conduit alors sur un chemin de traverse. Vous avez en fait attiré une personne pour qu'elle vous mette sur la voie de ce que vous êtes vous-même venu chercher et corriger.

Pour illustrer l'amitié, je vous propose d'observer les personnages du premier rang sur la gauche à partir de l'homme habillé en pourpre. Vous les voyez ?

*Je les vois effectivement.*
*Qui sont tous ces personnages ?*
*Je croyais le théâtre désert !*


Ils représentent vos rôles ; ils sont tous « Vous ». Pas seulement ceux du premier rang, il y a aussi tous ceux qui remplissent le théâtre tout entier.


*C'est terrifiant, je n'avais pas fait attention à eux.*
*Je ne les avais pas remarqués.*
*Depuis quand sont-ils là ?*


Depuis toujours, ils sont invisibles ! On ne peut les voir qu'avec les yeux de l'esprit. Puisque vous m'avez invité à vous parler, ils sont devenus présents à votre conscience. Cependant ils n'ont pas encore intégré vos mémoires, auparavant, vous devez tous les reconnaître et les accepter.

**N'ayez pas peur. Ils sont tous vous,** ils vous aiment depuis toujours.


*C'est effrayant, je vois des enfants, des femmes,*
*Des hommes, des religieux,*
*Et même des bourreaux, des victimes...*
*Oh ! mon Dieu, qu'ai-je pu faire ?*
*Je ne comprends pas ?*


Non, ne pleurez pas. Je vais vous expliquer calmement ce qui s'est passé.

Dans toutes « **vos vies »,** vous avez accepté des rôles différents pour apprendre, comprendre, évoluer et partager. Vous avez accepté chacun de ces rôles au départ. Nous allons en choisir quelques-uns comme témoignage et vous comprendrez.

Soyez attentif et serein et faites-moi confiance. Nous sommes là pour vous aider et vous faire évoluer. C'était prévu et votre niveau d'évolution terrestre le permet maintenant. Vous devez devenir libre, et être libéré de tous ces poids et contraintes que vos lois terrestres et tous vos dogmes vous ont imposés.

*Dis-moi petite voix,*
*Il y a des femmes et des enfants, Et*
*moi je suis un homme !*

Votre remarque est juste Acteur et je comprends votre surprise. Sachez que vous avez été effectivement incarné alternativement en homme ou en femme ; car pour bien comprendre tous les mécanismes humains et toutes les émotions, et pour enrichir votre savoir, vous aviez demandé de venir les vivre ainsi. Et si vous saviez ce que Moi je vois, vous sauriez que vous avez reçu à l'intérieur de vous TOUT, et même l'âme-sœur que vous cherchez à l'extérieur. Rappelez-vous la genèse et l'histoire d'Adam et Eve.

Aujourd'hui vous êtes complet : mâle/femelle Ying/yang et vous devez vous servir de ces deux forces complémentaires au lieu de vous sentir en manque, à la recherche d'une moitié extérieure à vous.

Bien entendu l'union homme/femme doit continuer en échange et en accompagnement l'un de l'autre. Il s'agit là d'autre chose ; car si l'homme est complet en lui-même, dans son intérieur, il attirera une femme qui elle aussi connaîtra la plénitude intérieure et leur relation ne sera pas médiocre ou égoïste comme celle que vous vivez actuellement !

Si vous me le permettez, je vous informe que vous êtes toujours un lien sacré.
*Un lien sacré ? moi*
*Je n'ai même pas été baptisé !*

La religion n'a rien à voir avec le lien sacré, car c'est l'enfant né de l'union de deux êtres qui est sacré. Vous représentez le lien, le témoin du temps. Vous représentez le lien sacré entre vos parents et le divin simplement par le témoignage de votre présence. En s'unissant, votre père et votre mère (peu importe la relation qu'ils ont conservée dans le temps) ont permis de perpétuer le cycle terrestre et ont offert à une âme, la vôtre, **une renaissance.** Et à votre tour vous redevenez émetteur et récepteur, en animation.

Là il est nécessaire de faire une pause car tous les parents *ne deviennent pas des parents.* Lorsque vos parents n'agissent pas dans la voie du cœur, ils contribuent seulement à la perpétuation du règne animal et vous devez tout réapprendre tout seul. Il vous faut alors beaucoup de temps pour apprendre, comprendre, agir ; et il vous faudra une autre famille. Vous risquez d'être plus tard impulsif, plus demandeur affectivement, et l'autre, les autres seront votre nourriture et votre champ d'expériences avec des illusions à la clé. Il vous faudra apprendre à être plus à l'écoute de vous-même. Regardez au premier balcon. Tous les personnages représentent vos essais de perfection dans ce domaine ; ils baissent la tête et ne sont pas fiers car vous avez commis quelques débordements.

Chaque être humain a reçu en naissant le même potentiel du libre arbitre et s'il ne reçoit pas des siens amour et harmonie, il ne sait pas utiliser ce cadeau. Il expérimente alors des vérités diverses et se perd dans des chemins de traverse même s'il considère par la suite que ces routes sont des étapes nécessaires à son éducation. S'il en comprend le sens, il peut se transformer. S'il se contente de subir ses choix jusqu'à la fin de sa vie, il se sentira amère et vivra mal tous ses échecs (expériences mal vécues), et surtout il n'aura pas compris le lien sacré qui le lie à ses parents.

A son tour, en tant que parent il ne comprendra pas son enfant, qui sera lui aussi livré à lui-même et à ses propres combats de vie. Il deviendra lui aussi vulnérable et ne réussira pas à perpétuer le lien sacré. Il ne continuera qu'à transmettre le lien physique. Il sera et restera émetteur / récepteur, sans convictions assurées. Il vivra toujours dans le doute et la peur de manquer. Il passera à côté de tous les cadeaux offerts avec générosité par le plan divin.

Être parent est une responsabilité, un désir, une vocation. On ne naît pas parent. On apprend à le devenir. Et si on aime avec simplicité et sincérité, on le vit bien et on se renforce de cette nouvelle étape bien accomplie.

Être parent n'est pas un fardeau si on sait bien transmettre.

Au juste que doit-on transmettre ?
<u>Tout est dans cette question.</u>

Qu'offrir à cet enfant qui est une personne entière et non une partie de vous ?

- vos rêves, vos chimères, vos doutes,
- qu'il réussisse là où vous avez échoué,
- qu'il perpétue l'autorité que vous avez mal
  supportée dans votre propre enfance,
- votre culpabilité,
- vous défaire de vos peurs en vous déchargeant sur
  lui, votre création
- la confusion entre devoir ou obligation et amour,
- la reproduction sans réflexion de tous vos
  schémas... ?

Tout est énergie et synergie dans la fusion galactique.

Chacune de vos cellules est vivante et animée. Elle a reçu un potentiel, et a une fonction précise même si elle n'est pas encore activée. Leur fusion et un bon équilibre vous apporteront une réelle synergie lorsque vous réussirez à vous débarrasser de toutes les emprises extérieures.

Il faut réussir à atteindre la paix à l'intérieur de vous-même, et ne plus vous laisser influencer par les autres quels qu'ils soient. Personne ne peut être Vous. Même si des complicités sont nées, chacun doit rester libre et indépendant tout en accompagnant l'autre ou les autres, (compagnon, compagne, enfant, parent, famille, entourage et même son groupe de croyance).

L'Eternel a créé l'Homme (femme et homme) à son image avec respect et liberté. Malgré cela, certains êtres ont enfermé leurs semblables dans des prisons mentales (sans barreaux) pour mieux les asservir et les contraindre à vivre et penser comme eux. Aujourd'hui, vous et vos semblables, vous vous retrouvez à des étapes différentes.

<u>La première Vérité</u> est **Liberté.** La foi est intégrée dans tout le patrimoine personnel, appelé héritage, et n'appartient à aucune croyance ni à aucun groupement imposé.

La deuxième Vérité est **Amour.** Tous vos actes et vos attitudes sont au service de la vie. Sans amour la vie s'arrête et n'a plus de sens.

La troisième Vérité est **Fraternité.** Vous êtes tous les enfants du même créateur, à son service, sans aucune distinction, avec justice.

La quatrième Vérité est **Confiance** en Vous et aux autres pour retrouver l'union.

La cinquième Vérité est **Sacrée,** car vous avez reçu une essence divine dans votre âme de naissance et même si le temps a passé, il ne faut pas l'oublier.

La sixième Vérité est **Légèreté** comme le souffle créateur. Vous ne devez pas l'oublier même si vous avez endossé le manteau de densité terrestre dans votre corps physique qui est lourd et qui a l'avantage de bien vous ancrer à la Terre.

La septième Vérité est **Joie** et vous devez arriver à atteindre le bonheur éternel même si votre esprit a été encombré d'inutiles messages remplis de fausse sagesse.

La vie est simple et fluide comme l'eau qui coule dans votre sang et qui régénère vos cellules vitales. Votre ADN est emprisonné par vos doutes, vos peurs, par les dogmes dont votre mental a hérité de son lourd passé.

### La Vérité est la base de la Loi d' Hospitalité.

*Et la spiritualité,*
*Qu'en est-il exactement ?*

La spiritualité n'appartient à aucun temple ni à aucune croyance hermétique. Elle prend naissance dans chaque être, chaque âme et individuellement, dans un temple de chair.

Elle se nourrit de votre esprit et se développe par la ferveur de vos convictions et de votre instinct au départ.

En étant constant dans vos sentiments, vous pourrez atteindre la passion et la fusion avec tout le Cosmos. L'aide que vous obtiendrez sera immense.

Lorsque vous accepterez les lois divines comme la foi de l'Hospitalité qui en est la première, votre âme se connectera et s'unira à Vous, sans limite et sans réserve, et comblera tous vos besoins et carences. Vous atteindrez alors la plénitude, que vous apparteniez à un groupe ou non. Votre niveau de conscience s'élèvera.

Il appartient à chacun de vous, individuellement de vous rapprocher de la lumière divine intérieure, dans votre croyance et dans votre propre foi, même si vous n'avez pour le moment qu'une étincelle de celle-ci.

Quand vous aurez retrouvé votre lumière, votre cœur s'ouvrira au monde extérieur et vous n'aurez plus jamais peur car **vous** entrerez dans le cœur du Monde. L'énergie que vous dégagerez sera très puissante et plus rien ne pourra vous atteindre.

Accepter les règles de la loi de l'Hospitalité, c'est prendre conscience que vous êtes invité sur terre et dans les cieux à vous sentir partout chez vous, et à vous unir dans le partage avec vos frères et sœurs qui sont aussi des lumières, pour continuer à contribuer au Grand Œuvre en acceptant de rester humble.

Vous ne détenez rien et plus vous irez loin, plus vous apprendrez que le Savoir est sans limites, que vous ne connaissez pas grand-chose et qu'il vous faudra tout découvrir. Vous obtiendrez alors la permission d'explorer d'autres plans de conscience bien plus élevés que le vôtre. Vous n'y êtes pas encore et votre théâtre ressemble à une école où vous pouvez apprendre à vivre ensemble et devenir plus tolérant.

*Je pensais que la spiritualité
Etait liée à notre éducation !?*

En fait, il y a deux apprentissages simultanés en chacun de vous. Vous recevez deux éducations, l'une par les autres et la deuxième par vous même

- la première façon d'apprendre est à l'extérieur de vous. Elle vous est donnée par tout ce qui vous entoure et vous touche de près ou de loin.

- Et la deuxième, aussi importante et plus riche encore, c'est la vie intérieure libre que vous possédez au fond de vous et qui détient tout le vouloir, le savoir, la sagesse, et la création de tout ce qui vous anime.

En rétablissant la loi de l'Hospitalité dans votre être intérieur, vous pouvez inviter qui vous voulez, que ce soit *un* Maître, une entité ou un génie de votre propre communauté intérieure, pour vous accompagner et même partager votre maison, votre vie. Vous pouvez aussi, avec l'aide des anges, réussir votre contrat de vie.

Certaines entités partagent déjà votre intérieur sans même avoir reçu d'invitation formelle car avant de venir en incarnation terrestre vous aviez choisi qu'elles vous accompagnent. Il faut que vous sachiez Acteur, qu'aucun être humain n'est seul. Vos dévouées entités guident vos pas et vous aident dans le silence, même si vous ne les reconnaissez pas dans cette vie. Ils vous aiment d'une tendresse qui vous dépasse, et vous éclairent de leur présence.

Quand vous aurez compris la richesse intérieure de **TOUT** votre être et que vous comblerez cet oubli, vous aurez énormément progressé car tout commence à l'intérieur de vous pour s'exprimer à l'extérieur. Apprendre en surface, c'est accepter de vivre éteint ou sombre, c'est accepter de ne pas consommer sa vie pleinement ? Et sans le savoir vous êtes déjà dans le passé.

**Osez — vouloir — pouvoir :** n'oubliez jamais cette trilogie et rappelez-vous, Acteur que tout ce que vous pensez est ternaire et indivisible. Vous êtes vous-même une **Trinité,** Trois mots accompagnent toujours vos pensées car pour bien vivre l'Unité avec vous-même, vous ne pouvez séparer votre corps, votre esprit et votre âme,

Refuser la richesse intérieure, c'est vous couper de votre âme et vous limiter considérablement dans votre qualité de vie. Pour accepter votre partie animale et la vivre bien, il faut des sentiments élevés.

Retenez donc ceci : vous êtes tous accompagnés et guidés que vous en soyez conscients ou non. Vous êtes tous venus jouer un grand rôle ou des séries de rôles pour servir les mécanismes de cette humanité et atteindre la Liberté individuelle et les libertés pour tous.

Chaque être est utile car rien ne peut se passer sans lui.

D'après vous, Acteur, y a-t-il plus d'étoiles dans le ciel ou plus d'êtres humains sur Terre ?

*A vrai dire, je n'en sais rien !*

L'explication de ma réponse vous viendra au moment voulu. Sachez dès à présent qu'il y a beaucoup plus d'étoiles.

L'Homme inconscient croit tout savoir et tout détenir, alors que l'Homme éveillé apprend les lois de l'univers et leurs applications, et s'intéresse à son évolution.

Si à l'extérieur vous apprenez les mathématiques ou la physique, ou encore l'histoire passée de la Terre pour son témoignage, à l'intérieur vous recevez toutes les informations par votre esprit. La conscience ne conserve que ce qui lui convient et renvoie l'information à votre âme pour vérification, car il faut rétablir une vérité : tout ce qui existe ou est en cours d'invention n'est que transformation. L'être humain réinvente ce qui existe déjà ailleurs dans l'univers ; il adapte, modifie, car **tout ce qui est pensé est possible.**

L'homme ne détient rien.

Pendant son long passage sur Terre, il contribue aux lois de l'univers en transmettant ce qu'il lui a été permis de redécouvrir. C'est la loi de l'Hospitalité qui l'autorise à évoluer en partageant avec les autres le fruit de ses recherches.

Le détail de ce raisonnement vous sera communiqué le moment voulu, cependant, sachez Acteur, que tout l'Univers est habité par des êtres transparents, lumineux et énergétiquement très puissants.

Toute l'humanité représente les couleurs de l'arc en ciel, les mêmes couleurs que vous pouvez observer dans le ciel une fois l'orage passé. Elles peuvent aussi être attribuées à chacun de vous par votre aura qui les émet en fonction de votre état psychique, mental et physique.

Ce sont vos corps physique, mental et émotionnel qui émettent ces vibrations électriques visibles à l'extérieur de vous. Rappelez-vous ce que je vous ai déjà dit : vous possédez à l'intérieur de vous une vraie centrale d'énergie et vous avez tous le don d'émettre et de recevoir cette énergie. Ceux qui le savent utilisent ces fréquences pourmieux manipuler les autres au lieu d'en faire profiter leur Soi intérieur et d'accéder à des couleurs pures et intenses.

Acteur, sachez pour l'heure que la meilleure couleur est le transparent, car elle est limpide et passe partout, que rien n'altère ni n'atteint la pureté originelle qu'il a conservée.

Tout ce que vous voulez savoir sur les couleurs, les auras et les vibrations vous sera communiqué le moment venu. Sachez qu'à l'intérieur de vous, vit une réelle centrale atomique prête à exploser dans le **Bien** comme dans le **Mal** selon vos formes pensées. Vous avez reçu le libre-arbitre et vous vivez les expériences qui doivent vous ramener à une réelle liberté et à l'équilibre.

Si vous refusez l'éducation extérieure donnée par les autres parce qu'elle vous est imposée par un système trop rigide, suivez alors votre intuition, guidé par votre instinct, en invitant votre âme à vous rejoindre. Vous éviterez ainsi les chemins d'infortune qui pourraient vous mettre dans la dépendance de fausses croyances au *lieu* de vous conduire vers l'indépendance.

Cher petit, vous allez vers un nouveau cycle, vous entrez dans une nouvelle énergie grâce aux cent quarante-quatre mille sages ascensionnés qui ont composé les douze tribus il y a plus de huit mille ans. L'humanité remonte à bien plus de deux cent mille ans, et toutes vos religions confondues sont bien jeunes ! Et moi j'étais là, le grain de sable, et je vous accompagne depuis si longtemps. Je vous informe des vies libres et unies par le Créateur, avant bien avant....

Vous avez été coupé de la mémoire du passé de votre volonté ; sachez que vous étiez là, sur Terre, avant huit mille ans et que vous avez étudié le pouvoir et non le vouloir.

C'est ainsi que certains chefs décideurs (comme celui qui vous regarde du balcon habillé en noir et or, a entraîné par soif du pouvoir tant de personnes à leur perte !) en imposant la violence extérieure. Vous avez subi une attitude extrême intérieurement, et votre mémoire à réclamer la vengeance. Il a conduit tout le groupe dans l'autodestruction et a changé négativement le cours de l'humanité.

Par ce fait, votre humanité a pris du retard sur l'accession à son indépendance. Elle s'est enrichie d'expérimentations bonnes ou mauvaises qui étaient indispensables. Toutes vos incarnations vous ont servi pour enrichir votre Savoir et votre Vécu par ces différents rôles, c'est la répétition qui est inutile.

En venant s'incarner, chaque être animé reçoit une page blanche et l'autorisation d'utiliser son passé en consultant son propre livre afin de compléter sa mutation. A la naissance la mémoire est effacée, (sauf pour certaines personnes, les guides et les maîtres qui doivent transmettre la mémoire collective), et vous devez seul en rassembler les fragments.

Certains livres n'ont pas eu le temps de s'enrichir et les pages sont restées vierges. D'autres, ceux d'individus assoiffés de pouvoir qui ont entraîné avec eux beaucoup de faibles et d'innocents, instituant et imposant des lois dont vous subissez encore les retombées, sont chargés d'incompréhension, de colère, de rancune ; leurs pages sont écrites avec une encre indélébile rouge, avec le sang des martyrs.

D'autres, en proportion à peu près égale, ont écrit leur page à l'encre noire pour se protéger et garder un esprit éclairé ; ils sont aujourd'hui dans l'éveil.

Il y a aussi un groupe nettement minoritaire qui, lui, a écrit son livre à l'encre bleue. Ses membres n'ont subi aucune influence et restent totalement libres de leur histoire. Ce sont les guides, les maîtres, les saints, les témoins du temps ; ils sont médiums et très intuitifs, ils ont gardé intégralement la mémoire du passé pour contribuer à l'évolution de la planète.

Toutes ces grandes âmes sont de retour parmi vous et aident en silence l'humanité dans son évolution et pour son passage de l'an zéro. Ils apportent les mutations nécessaires aux modifications énergétiques. Car outre le changement de cycle du millénium une grande transformation va avoir lieu avec l'entrée dans le nouveau cycle de deux cent mille ans.

Ce passage est pour très bientôt, et il vous connectera à une réalité bien plus complexe que celle de vos souvenirs les plus lointains, dont seule la mémoire du Monde, appelée aussi l'âme universelle, conserve le recul. Ces âmes sont partout, sur tous les continents et beaucoup ne sont encore que des enfants. Ils ne sont pas encore connus et attendent le bon moment pour se dévoiler.

Le détail de ce changement vous sera apporté le moment venu quand vous serez prêt. Retenez simplement que ce passage s'approche et qu'il vous reste peu de temps pour réagir. Dans quinze ans tout sera joué et il vous faut du temps pour comprendre, apprendre, savoir et être de ceux qui resteront pour écrire le futur.

Vous êtes le résultat de ce que vous avez été et votre présent réagit selon ce que vous avez accumulé.

Vous semez aujourd'hui pour récolter demain ; et aujourd'hui vous êtes nourri de votre semence d'hier. Si vous avez faim aujourd'hui, c'est que vous avez mal semé par faiblesse, ignorance, négligence, ou qu'au contraire vous avez été trop généreux. Vous n'avez pas su correctement épargner. L'essentiel est de comprendre que le moment important c'est aujourd'hui et que vous devez préparer demain, même si demain votre vie s'arrête. Car vous retrouverez votre épargne en revenant vous incarner à nouveau.

Je vais mieux vous l'expliquer en vous offrant l'image bien connue des moissonneurs qui est toujours d'actualité.

En plus de la page blanche témoin de son passage, chaque âme reçoit en s'incarnant le même potentiel que l'on peut symboliser par sept sacs de blé.

Comme chacun vous avez reçu ces sept sacs de blé à chaque passage terrestre :

- 2 pour vous nourrir avec votre famille
- 2 pour semer et préparer votre futur actuel et vos retrouvailles avec votre prochaine renaissance
- 2 pour transmettre à la génération à venir
- 1 pour offrir à tous les invités qui se présenteront sur votre passage, par respect de la loi d'Hospitalité et du partage fraternel.

Certaines âmes ne sachant pas qu'elles reviendraient, ont commis quelques maladresses. Certaines se sont démunies pour l'avenir en offrant plus que de raison. D'autres ont trop économisé, oubliant même d'offrir le surplus autour d'elles par égoïsme et avarice.

D'autres encore, n'ont rien transmis en se réfugiant derrière les superstitions, les tabous des cultures et fausses croyances enseignées. D'autres enfin ont tout consommé et ont été à l'origine d'horribles famines en n'ayant rien préparé pour leur descendance.

Ainsi aujourd'hui, le potentiel originel identique des uns et des autres n'aboutit pas au même résultat.

Les uns se corrigent pour se préparer un nouvel avenir ;

- les autres continuent à vivre par procuration,
- certains vivent à crédit permanent et avec risques,
- d'autres sont débiteurs, sans foi ni loi et reproduisent inlassablement la même façon de vivre sans chercher à la modifier. Ils ne savent pas qu'ils sont en danger eux-mêmes et sont loin d'imaginer leur proche avenir après le passage du cycle annoncé.

Durant ces deux cent mille ans, dans l'ignorance de vos cultures passées et jusqu'à aujourd'hui, vous avez été pardonné de toutes vos maladresses répétées.

Cependant depuis le dernier millénaire, certaines de vos maladresses sont devenues des erreurs à force de souffrances incomprises. De très nombreuses âmes se sont coupées de leur groupe d'origine, des traditions orales et familiales. Elles se sont isolées un long moment avant de s'assembler dans des mouvements extrémistes aussi *bien* religieux que sociaux, semant sur leur passage le doute, la terreur et la culpabilité. Il en est même qui ont pactisé avec les énergies lucifériennes et arminiennes pour retrouver ce qu'elles croient être une force.

Toutes ces âmes opaques sont à l'origine des pages de vies retranscrites **à l'encre rouge indélébile, sur les livres de l'humanité.** Et vous tous, vous devez les assumer pour votre apprentissage, en témoignage de votre douloureux passé. Vous devez comprendre tout ce cheminement et retrouver ensemble votre liberté.

Votre humanité évolue chaque jour. Des semblants de démocraties s'installent un peu partout sur vos continents, en attendant que les êtres dont le livre de vies *écrit* en *bleu,* suivis de ceux qui sont *écrit en noir,* mettent en place les lois universelles pour tous et permettent plus d'éveil et un retour vers la liberté et la lumière intérieure. Toutes ces âmes contribuent pour le Grand Œuvre.

Tous acceptent l'évolution et cherchent la voie du milieu appelée **voie du cœur.** Ils écoutent ce qui est juste et sont aussi nombreux que ceux du premier groupe. Rien n'est encore décidé.

Chaque jour compte. C'est ce qu'on appelle la voie du milieu, 49% - 51%.

Le 50% reste en suspens tandis que 49 % - 51% restent en mouvement, en alerte, sachant que rien n'est définitivement acquis. Il vit dans le partage et l'échange constant et tous ensemble, ils acceptent de se remettre en question quotidiennement pour s'améliorer.

Le 50% est trop rigide, il se croit équilibré et se place au-dessus des vérités, il ne donne pas, il ne reçoit rien, il prend par la force physique ou mentale et impose sa folie au nom de Celui qu'il ne connaît pas, car il s'est créé un demi-dieu vengeur dans son enfermement illusoire en s'isolant des autres vérités. Il veut libérer en créant de nouveaux conflits, et offrir en suggérant de nouvelles guerres.

Toutes les vies terrestres sont nécessaires à votre évolution et personne n'est au-dessus des lois primordiales et universelles. Il faut beaucoup de pardon et d'amour inconditionnel pour accepter les souffrances et les incompréhensions des libertés universelles introduites récemment. Toutes les âmes ne sont pas encore prêtes à recevoir cet ultime cadeau divin.

Beaucoup d'êtres préfèrent vivre encore dans la crainte du dieu vengeur qui punit et qui juge votre conscience. Ils *ne* savent pas (ou l'ont oublié) que le Créateur aime ses enfants comme tous les bons parents et abandonne le rôle de père fouettard à chaque conscience, à chaque être dans son individuelle raison.

L'énergie de groupe négative est à surveiller car les égrégores de l'ombre sont toujours actifs, bien qu'ils soient moins puissants et même désarmés face à la nouvelle puissance énergétique réclamée par tous les innocents de l'Univers.

Les clés et les codes ne seront pas accessibles à toutes ces âmes grisâtres dont le pouvoir régresse déjà et qui resteront coupées de leurs mémoires à tout jamais.

En ce qui concerne ces changements et ces nouvelles vibrations, vous serez informés le moment venu, quand vous serez prêt. Sachez déjà que, par le pardon et le repentir, par l'invitation faite à votre âme de rejoindre votre esprit dans votre propre lumière intérieure par la loi de l'hospitalité, vous pouvez bénéficier de l'indulgence de l'Univers, et *être admis au point neutre.*

Il s'agit là d'un nouveau cadeau divin qui permet à chacun de dénouer ses karmas anciens en les offrant à la loi de l'Hospitalité, pour pouvoir repartir neuf, avec une nouvelle conduite dans *une renaissance,* tout en continuant sa route actuelle en œuvrant pour le bien et en offrant à son âme l'éternité.

Je vous l'indiquerai un peu plus tard Acteur, quand vous vous serez pardonné, toutes vos maladresses, et que vos sentiments seront véritables et profonds. Car avec moi, le mensonge n'est pas possible.

Je vous indiquerai aussi comment mettre votre compteur à zéro face à cette nouvelle énergie à venir, pour vous éviter *l'autodestruction.*

Si vous rétablissez la loi de l'Hospitalité et si vous vous réunissez dans la construction de votre renaissance, la patience sera votre nouvelle compagne et selon la constance de vos sentiments et de vos convictions, je serai près de vous pour veiller sur vous.

Je vous informerai et vous guiderai tout en vous accompagnant durant toute la transition. Si vous êtes sincère et désirez savoir à quel moment la vie pourra quitter la densité, si vous voulez vivre des moments de paix historiques et lumineux, faites-moi confiance et vous serez de ceux-là.

*Merci petite voix de m'éclairer sur le sens profond*
*De ma vie dont j'ignorais la réalité.*
*Je me sens honteux en regardant tous ceux*
*Dont le regard est posé sur moi dans ce théâtre.*
*Ils sont si nombreux et si différents*
*Que je me demande qui je suis*
*Et qui j'ai déjà été de tous ces personnages ?!*

Je vous l'ai déjà dit et je le répète, ils sont tous « Vous » à des époques différentes : que ce soit la nourrice au cœur d'or qui n'a pas eu d'enfant et qui vous a recueilli ; ou bien le soldat mort pour la patrie et qui repose avec d'autres sous la tombe symbolique du soldat inconnu, (tant vous étiez nombreux à mourir pour un idéal). Vous avez été aussi la femme voilée dans son silence, ou ce prêtre qui découvre la présence ou encore ce rabbin en étude Tous ont participé à votre découverte et à votre vécu.

Dites-moi, Acteur, savez-vous au moins pourquoi vous êtes ici en incarnation sur l'astre bleu et vert de l'Univers ?

*Eh bien pas vraiment !*
*Apprends-moi pourquoi.*

Si vous mélangez les couleurs vous comprendrez que l'essentiel, c'est **d'être dans l'intention de...,** pour retrouver le sens réel de la vie afin de mériter l'invitation d'explorer d'autres plans du Cosmos. Quand vous serez prêt, je m'adresserai au Serviteur Universel que vous deviendrez et *vous comprendrez Tout.* Pour le moment, acceptez votre ignorance comme un cadeau et appliquez-vous à découvrir le sens d'une vie, la vôtre, et le respect de toutes celles qui vous entourent, car j'ai trop souvent entendu votre équipe se plaindre de vos humeurs et de votre irrespect.

Le but de vos incarnations a une profondeur que vous méconnaissez, votre âme, elle, le sait. Et quand vous aurez fait votre unité, vous pourrez ensuite vous unir dans la grande fraternité, et alors vous me comprendrez. Le grain de sable sait attendre avec patience et comprend le sens d'une plage, et la goutte d'eau voyage dans le mélange de l'union.

Tout n'a qu'un sens, celui de servir l'Unité Divine et de contribuer en retour à utiliser tous les biens de la planète comme des cadeaux en les appréciant ; celui de vous affiner jusqu'à avoir la douceur du grain de sable, et de boire l'eau toujours fraîche, source de vie et la seule boisson capable de désaltérer et de régénérer toutes vos cellules.

Aimez la vie si vous voulez être aimé, et respectez-la en vous respectant si vous ne voulez pas mourir de honte. Confondez-vous dans la justice pour tous et les espoirs de grandes libertés pour préserver les espèces humaines, car vous ne venez pas tous du même endroit de l'Univers, et je vous raconterai d'où vous venez et le moment de votre création, quand vous serez prêt à entendre et écouter en même temps, quand tous vos sens seront en éveil.

Plus tard, quand vous serez prêt, vous serez invité à les découvrir aussi, car d'ici là vous aurez ouvert votre cœur et toutes les portes de communication aussi. Vous deviendrez un pont entre la Terre et l'Univers.

Chaque étape est nécessaire pour votre évolution et chaque vie est un enseignement. Rien n'est laissé au hasard, tout est organisé pour vous au centre de votre esprit, par un dirigeant très actif sur le plan physique grâce à vos milliards de cellules très intelligentes, qui vous réparent, vous restructurent et se regroupent pour mieux vous servir avec obéissance, et dont votre esprit conserve tout le contrôle.

Acteur, il faut être conscient de la Présence Divine pour l'inviter à habiter un lieu Saint et votre être intérieur est le meilleur sanctuaire pour La recevoir ; ce qui ne vous empêche pas de vous rendre aux offices de votre choix à l'extérieur si vous le souhaitez. Dans l'AMOUR et le PARTAGE, vous êtes partout chez-vous et tous les « lieux Saints » de toutes les confessions apportent du réconfort et contribuent à recevoir la paix à l'intérieur de vous.

Le plus beau trésor est en vous. Quand vous aurez dissipé tout résidu de doute et que vous aurez éloigné toutes vos peurs anciennes, vous retrouverez toute votre force intérieure. La foi est un acte d'adhérence à l'Être et il n'y a qu'avec l'adhésion de votre être intérieur, ce lieu privé, que vous pourrez vivre l'Alliance avec le Créateur et l'Amour.

Il faut rétablir la loi de l'Alliance avec le divin par l'Hospitalité.

La foi crée un pacte d'alliance avec l'Esprit Saint qui vous habite et vous anime dans votre conscience éclairée. Le cœur a des devoirs d'ouverture. L'Amour est un élan de l'être, qui en son essence se détache vers Dieu pour s'unir avec sa très haute lumière.

*Petite voix, tu me parles d'élan,*
*D'union, de lumière, de Dieu...*
*Moi, je suis athée !*

Tout n'est qu'immanence et transcendance. Être athée c'est nier l'existence des faux dieux extérieurs.

Vous acceptez l'essence divine originelle en Vous et vous restez critique face à l'extérieur.

**Un athée n'existe pas,** l'être ne peut pas se couper de tout réel, sinon il vit l'isolement, l'enfermement et devient esclave de ses émotions premières. Il se refuse à lui-même son ouverture intérieure et conserve la clé à l'extérieur. Vous pouvez nier ou ne pas vouloir voir ou reconnaître la présence divine en vous, car elle est ineffable ; cependant elle est la force *de* vie.

Cette force créatrice émane de chacun de vous et vous lie les uns aux autres. Vous êtes le fruit de la création divine ! Ne pas croire à cette force, c'est vous couper de vos racines originelles.

Dieu est inscrit dans la puissance du Nom et c'est la source de Tout. La puissance du tétragramme unit les quatre éléments indispensables à votre vie terrestre et ces éléments se retrouvent à l'intérieur de tout être animé et vivant.

Je vous offre la définition biblique en résumé :
**« L'amour croit tout, veut tout, espère tout et donne tout. »**

Avant d'être présent aux autres, il faut que vous soyez présent à l'intérieur de vous ; car vous donnez de l'intérieur vers l'extérieur. Sinon, vous donnez mal ou à moitié.

*Eh bien ! à voir tous*
*Les spectateurs du 3ème rang,*
*Tous habillés en religieux*
*De toutes les confessions.*
*J'ai effectivement le sentiment*
*Que je n'ai pas toujours été athée !*

La peur de l'animal est engendrée par la crainte pour sa survie. 98% de vos peurs inscrites à l'intérieur de vous, sont créées par votre mental. Elles sont purement artificielles et illusoires. Ce sont des peurs fabriquées par votre conditionnement de naissance, culturel, social ou religieux.

- pour obtenir un minéral la cristallisation est longue,

- pour faire un arbre au feuillage vert foncé, il faut beaucoup de temps et de patience,

- pour faire muter un animal vers un être humain autonome, il faut avoir du temps, de la patience et de l'amour.

Considérez-vous comme un mutant encore en évolution et dont toutes les visites sur terre n'ont pour sens profond que de vous améliorer, de gagner votre liberté et d'acquérir votre autonomie pour rejoindre les autres plans élevés de l'Univers.

Si vous mettez la justice divine dans votre cœur, par la loi de l'Hospitalité, votre vie sera plus juste et moins rigide que si elle est régie par toutes les lois imposées par l'Homme et son histoire.

*Dis-moi, petite voix, que penser*
 *Du bouddhisme ? Est-ce une religion ?*
*Je vois dans la salle tout un rang*
 *Qui semble ne rassembler que des bouddhistes*
 *Et pourtant je ne me rappelle rien !*

Effectivement, Acteur, vous avez entrepris différents essais avant de vous renfermer.

Le Bouddhisme influence votre vie car il s'agit d'une réelle philosophie plus que d'une religion. Il vous apporte des valeurs de tolérance, de maîtrise de vous, de courage et d'indépendance, car cette philosophie s'appuie sur l'immortalité qui vous conduira ensuite inexorablement vers le royaume de Dieu.

Cette philosophie a mis en place la méditation, le tai-chi, l'acupuncture, le yoga et la reconnaissance de son être intérieur. Il n'est plus question de traiter son corps avec mépris. On le draine, on le désintoxique, on le libère, on l'allège et on devient zen. Vous pouvez l'appliquer comme mode de vie intérieure, car toutes ces méthodes apportent le bien-être et conduisent au calme et au silence intérieur.

Les planètes vous gouvernent et ne vous dictent pas vos pensées, ni vos actes vos et encore moins vos sentiments. Elles n'interfèrent que sur vos vibrations, vos sensations, et champs magnétiques car vous êtes un assemblage d'atomes. Depuis le 24 août 1983 précisément, votre système solaire est entré dans l' aire du Verseau et ses vibrations sont très spirituelles (et moins dualistes que dans l'ère des Poissons).

Ce temps est appelé « l'âge d'or » car matière et énergie s'associent pour une nouvelle dynamique. Votre potentiel augmente et vous pouvez utiliser 14 sens au lieu de 5, notamment pour développer davantage le côté féminin de votre être, c'est à dire tout le secteur émotionnel, ce qui explique vos périodes de turbulence ou de déséquilibre actuel.

Vous recevez tous ce changement actuellement, et selon votre spiritualité et son avancement, vous ressentez :

- soit une légèreté si vous êtes prêt à vous réunir
  avec toute votre propre communauté intérieure,

-soit un poids à porter, si vous n'acceptez pas de vous alléger en même temps que cette nouvelle énergie qui arrive sur tous vos continents en même temps.

Le bouddhisme apprend à vivre au présent et pleinement comme si chaque jour était le dernier jour à vivre, car le futur se crée au présent et ne vous appartient pas.

Le bouddhisme fait état de trois niveaux de réalité :

- le plan de l'origine ou DharmaKaya
- le plan des principes ou SamboghaKaya
- le plan de la manifestation ou NirmariaKaya

<u>Tous les trois émanent de l'Adhibuddah.</u>

Au Tibet on résume tout en un seul nom, un seul son : « AUM »

**« AUM MANI PADME HUM »**

qui a une grande similitude avec AVM : « AVE MARIA »

Vous aviez étudié l'hindouisme, alors réanimez votre mémoire, rappelez-vous ces noms :

BRAHMA SHIVA VISHNU SÄT CHÏT ARANDA

Ils vous disaient tous qu'il n'y a pas d'échec, qu'il n'y a que des expériences et qu'avec le regard intérieur simplifié, tout ce qui vous entoure devient joie et paix. Il n'y a échec que si vous vivez mal cette expérience en vous, et les quatre-vingt-quatre mille enseignements du Dharma vous aident à transformer les émotions en sagesse.

Ils vous disaient aussi que chaque expérience doit être vécue et non subie, qu'elle soit heureuse ou malheureuse car il y a toujours un apprentissage derrière.

*Effectivement cela me dit bien quelque chose*
*Et ma mémoire me rappelle ce que*
*Le Grand Maître japonais du zen, Ikkyu*
*Ecrivait au 15èmè siècle :*
*« Plusieurs chemins s'offrent à l'ascension*
*Au sommet, la vision de la lune est la même ».*

Bravo Acteur, regardez comme la salle vous applaudit en se réjouissant. Tous les spectateurs sont vous-même ainsi que des professeurs qui ont voulu vous accompagner, car ils prétendent que vous étiez presque un Maître.

Vous savez Acteur, la loi et la justice sont en vous, et le juge c'est votre conscience, et vous disiez déjà en ce temps-là qu'on devient adulte le jour où l'on est **responsable via à vis de soi.même, sans tenir compte du** regard des autres. Autrefois la parole donnée valait tous les contrats. Aujourd'hui il y a des contrats et peu de gens de parole, car ils ne respectent ni les autres, ni eux-mêmes.

### Et je vous rappelle encore vos paroles

« Les gens ont peur du pouvoir de leur esprit »,
« Le présent d'aujourd'hui est le futur »,
« La vie est une suite de jours dont chacun est une naissance renouvelée »,
« La paix, la joie, le calme intérieur apportent le bonheur et tout l'extérieur en profite »,
« Le mental nous amène dans des tourbillons à la surface de nous-même, alors que la voie du cœur garde la sérénité et la joie de l'esprit »,

« L'argent a amené à l'humanité un autre fléau, le pouvoir qui a pour corollaires la dictature et la manipulation. Le pouvoir ne devrait être donné qu'aux personnes saines de corps et d'esprit, et ayant une foi intègre ; sinon elles entraînent leur groupe vers de fausses croyances. L'argent et le pouvoir sont indispensables dans nos systèmes de sociétés et de démocraties, il faut trouver l'équilibre en tout, ainsi que la bonne utilisation de cette énergie ».

Et pour finir acteur, je vous rappelle une chanson que vous aviez composée pour les enfants du Tibet :

> Vivre dans l'ego est un fléau,
> Vivre dans l'orgueil une erreur,
> Vivre dans le pouvoir apporte déboires,
> Vivre dans l'émotion fait perdre la raison,
> Vivre avec raison apporte plus de moisson,
> Vivre heureux et en paix *c'est* choisir la
> voie du cœur dans le partage et l'harmonie

Rappelez-vous mes chers petits, que cette voie arrête tous les conflits avec ses miroirs et toutes ses projections ».

Cette *chanson est toujours d'actualité ?*

Eh oui ! Acteur, la Vérité, la Spiritualité, la Réalité n'ont pas d'âge et sont toujours justes.

> *J'ai vu un rabbin dans ce théâtre, à côté*
> *D'une femme voilée et d'un homme*
> *Habillé à l'africaine.*
> *Je ne comprends pas très bien !*
> *Pourquoi sont-ils ensemble ?*

Bien sûr, vous avez tous un rapport avec le père des religions, car il représente un père spirituel pour toutes les confessions occidentales et orientales.

**La source de Vie et l'Arbre de Vie kabbaliste** vous a apporté les dix énergies primordiales avec les séphirots qui constituent votre univers, et les vingt-deux cinéroths (sentiers) qui correspondent aux lettres de l'alphabet hébraïque. Et ces trente-deux voies de sagesse révèlent les clés de la création.

La Matrone de la kabbale refroidit les énergies primordiales afin que vous puissiez disposer d'une Terre physique, maternelle comme terrain nécessaire à votre expérimentation et à votre prise de conscience. Vous êtes porteurs de valeurs éternelles, d'une étincelle de Dieu dont vous mettrez en activité les pouvoirs créateurs, dans les temps messianiques à venir.

Binah est appelée Mère des Mondes. Elle porte dans son sein la Terre, et la Femme, qui la représente au niveau humain, est chargée de porter les enfants.

Il est dit que l'Homme est à l'image de Dieu cher Acteur, aussi voici les conditions de l'Arbre de Vie synthétisées pour que vous compreniez mieux ce que vous aviez commencé à chercher dans d'autres vies antérieures. La religion devait en principe vous rapprocher de ces vérités sur les clés du savoir de votre origine.

1.	Ce qui est en haut est comme ce qui est en bas, donc les trois forces **Volonté, Providence et Loi** sont intériorisées en vous et constituent les trois principes qui créent la vie, constamment.

2. Liberté-Volonté, Foi-Providence, Loi-Fatalité dans ces trois couples se trouve *la clé de votre existence.*

3. *La volonté* est une force qui vous vient de Dieu dans son aspect Kether, qui fait de vous un être totalement libre.

4. Lorsque votre volonté se met en marche, tout, autour de vous entre en mouvement pour vous aider à réaliser vos desseins. C'est *ce* que vous appelez **la providence.**

5. *La force providentielle* entre en jeu automatiquement lorsque votre volonté est active. Elle vous illumine afin que vous puissiez réaliser parfaitement les desseins de la volonté. Cette force vous vient de Hochmah.

6 Si la volonté n'est pas agissante, la providence ne l'est donc pas non plus, car ce sont deux forces qui dépendent l'une de l'autre. **C'est une réalité FONDAMENTALE.**

7. La troisième séphirah, Binah, est intériorisée en vous et se charge d'appliquer la Loi Universelle.

Si votre volonté agit de façon arbitraire ou perverse, si la providence a porté à la réalisation, une obligatoire se charge de vous faire comprendre votre erreur à l'aide d'amères leçons. Binah vous apprend à vous servir de la volonté conformément à la logique (à la Loi)

8. De ces trois forces primordiales qu'il y a en vous, vous recevez :

- De la première, *une liberté* absolue car rien ne s'oppose à l'exercice de votre volonté.

- De la seconde, une « *aide divine* » sous la forme de faits positifs et d'anecdotes favorables, une sorte de récompense proportionnée à l'intensité de vos efforts.

- La troisième force vous oblige à vous plier à la Loi et fait donc que votre liberté ne peut être exercée que dans des actes conformes aux desseins de Dieu.

Il est fondamental de bien prendre conscience que de même que la providence entre en action après la volonté, *la Fatalité* agit également après l'action de la volonté et de la providence, <u>Jamais la Loi obligatoire ou Fatalité n'agit avant.</u>

C'est seulement après, qu'elle entre en action. Ainsi, vous ne serez soumis à la Loi que dans la mesure où vous aurez abusé de vos pouvoirs créateurs (de votre volonté et de la force providentielle qui lui est attachée).

9.	L'action conjointe de Kéther et de Hochmah donne lieu à une création : BINAH.

En s'obscurcissant, Binah a permis l'existence d'un Monde, un degré inférieur à celui de ces trois principes. Ce nouveau Centre de Vie ou séphirah se nomme HESED. Il est placé dans la colonne de droite de l'Arbre de Vie, sous Hochmach.

10.	Hesed est le monde qu'Elohim a conçu pour l'Homme et vous auriez pu y vivre éternellement si la désobéissance à la loi de la part d'Eve et d'Adam n'avait pas eu lieu.

11.	La séphirah Hésed entra en action lorsque Dieu eut déployé les pouvoirs inhérents aux séphirots Kéther, Hochmah, et Binah. Le résultat fut que Hésed renferme tous les pouvoirs (sacrés) d'où émanent toutes les vertus spirituelles.

En conséquence, Hésed est un monde de liberté dans lequel la grâce a concentré tous ses dons et dans lequel la Loi n'interdit presque rien :

« En un mot, Hésed est le paradis, le jardin d'Eden céleste sur terre ».

12.	Adam et Eve y vécurent comme des souverains absolus. Adam représente l'Humanité tout entière et Eve signifie l'Etre qui transmet la vie.

Ainsi quand l'être humain vit avec une foi intègre et absolue, il revêt son manteau de lumière car il vit dans sa conscience supérieure. Il atteint le monde de la pensée Neschamah, et rejoint la séphirot supérieure Kéther, Hochmah et Binah que l'Arbre de Vie kabbaliste appelle Triade Supérieure .

Cet état de conscience spirituelle devrait être atteint par chaque être humain pour n'avoir plus à subir d'inutiles retours terrestres.

Ainsi, Acteur, vous voilà informé sur les clés de la création, et de l'Arbre de Vie.

Vous voyez, c'est clair et simple car la vie est un réel cadeau pour celui qui apprend à l'utiliser. Les secrets sont simples et à la portée de tous.

La vie est bonheur si vous ouvrez votre cœur. La générosité, l'écoute, la compassion, le partage s'offrent alors naturellement.

Si vous offrez la générosité à un sage, il saura s'installer dans votre cœur et la beauté qui émanera de votre être se verra à l'extérieur embellissant tout ce que vous toucherez.

*Merci petite voix de m'avoir renseigné*
*Sur les énergies primordiales.*

C'est un peu plus complexe, car la division des hommes est venue avec l'écrit et tout ce qu'il fallait laisser derrière soi à la descendance. Sachez cependant, sans entrer dans de grandes discussions théologiques que votre présent est votre futur, et signer avec Dieu, c'est se sortir du monde de la dualité de la troisième dimension.

Le Christ a ouvert le canal de Christos à l'être humain qui représente l'énergie du cœur ou puissance et pouvoir des êtres de lumière, ainsi que la force des formes pensées.

A l'intérieur de vous coule dans toutes vos cellules, l'énergie d'Unité et si vous mettez l'énergie de Christos dans votre cœur, vous implantez pour l'éternité une paix intérieure. C'est cela signer avec Dieu : laisser faire et faire confiance à la loi de l'Hospitalité. En réalité, vous laissez entrer en vous l'amour conscience (la création), cette énergie pure qui est en mouvement rapide car :

Dieu Lumière = création véritable.

Acteur, il faut que vous fassiez bien la différence entre le vrai Dieu (l'Unique) et tous les faux dieux ou demi-dieux pour bien comprendre l'illusion. En vous éveillant vous pourrez voir le jeu de la dualité et vous pourrez ensuite la faire se dissoudre dans la partie qui est éternelle et définitive en Vous.

Tout ce qui n'est pas amour, lumière, paix, joie et force vous révèle être l'erreur de la dualité. Tout est à l'intérieur de vous, et plus vous utilisez votre pouvoir créateur, plus vous incorporez en vous l'énergie puissante de Christos et plus vous faites fondre l'énergie de la dualité. Et avec tous vos frères humains, vous êtes actuellement dans ce passage.

La Voix, la Vérité, la Vie, comme le disait Jésus :

« Tout ce qui est à l'extérieur de vous (dualité, souffrance) doit être ramené à l'intérieur de vous avec beaucoup de sagesse ». Il faut ensuite les digérer et les installer avec volonté, dans le mouvement du cœur de façon définitive, pour être dans l'énergie non dualisée.

Le pouvoir cocréateur est humain et le passage se fait dans l'énergie depuis la Terre. Il est créé, et il est encore difficile à utiliser pour certains êtres, car il exige que vous soyez dans l'allègement et le non-jugement.
A partir de vos pensées vous pouvez créer sur Terre un monde non divisé. Cela vous semble encore difficile car vous êtes soumis à la troisième dimension qui tend vers la quatrième encore plus dense et que l'on appelle l'énergie atomique.

Devenir créateur, c'est passer à la cinquième dimension et visualiser d'autres mondes dans le Cosmos. Il faut auparavant se centrer à l'intérieur de vous, la Terre de Christos, et voir avec le troisième œil, avec le cœur et l'amour. L'Unité du cœur est égale à la puissance de la non-division, de la non- dualité.

Le lâcher-prise sur votre création et l'énergie de non-jugement du monde d'expérimentation, apporte une collision d'ombre et de lumière qui forme une énergie très puissante.

La Terre est très dense malgré l'aide de beaucoup d'êtres de lumière. Il faut avoir le contrôle sur vos formes pensées car c'est votre pensée qui crée la matrice de ce que vous touchez ensuite.

Si vous avez toujours des pensées de peurs ou négatives, vous créez cette énergie. Les vibrations la précipitent et la création négative est instantanée. Vos vibrations personnelles entraînent d'autres vibrations identiques et elles créent des égrégores.

Il y a plusieurs univers ; il y a des êtres de toutes destinations et de toutes formes. Tant que vous ne vous élevez pas au-dessus de la quatrième dimension, vous pouvez être manipulé par tout être qui a des influences supérieures aux vôtres. A partir de la cinquième, vous ne pouvez plus être manipulé car vous atteignez le sommet de l'Astral.

Les êtres manipulateurs sont des démons qui se manifestent sous l'apparence d'anges et tentent de se servir de la force de lumière (il y en a dans le septième plan de l'astral). Le mal se met toujours dans le bien et jamais l'inverse ne peut se produire.

Vous pouvez vous en sortir par la volonté de votre cœur et l'aspiration de votre âme qui est multidimensionnelle. La loi de l'Hospitalité sera une aide précieuse car en invitant dans votre cœur un Sage, de votre propre communauté intérieure, vous en recevrez la récompense et sa protection sera présente et immense.

Plus vous recevez d'énergie électrique et moins vous avez besoin de manger (surtout de la nourriture acide) ; Vous pouvez vivre des états de jeûne conscient si vous connaissez bien votre alchimie. Il en est de même pour le sommeil et l'exercice. Votre corps est intelligent et a une mémoire cellulaire ; et chacune de vos cellules peut vous parler si vous l'écoutez.

Pour l'entendre et la comprendre, il faut apprendre à écouter de l'intérieur. Les arbres, les plantes, les animaux de la deuxième dimension (esprits de la Nature) vous appelleront et vous ressentirez davantage le besoin d'être à leur contact.

Il n'y a que les êtres humains de la troisième dimension qui sont contaminés dans leur essence et souillés par la pollution.

En l'an 2002 de votre calendrier, tout sera visible et les mémoires seront retrouvées par l'ouverture et la transparence. Il faut avoir de la compassion jusque-là, et remettre en évidence la loi de l'Hospitalité primordiale ainsi que les autres lois primordiales les plus connues, comme la loi du karma ou loi de cause à effet.

L'ignorance de toutes les lois universelles a entraîné de nombreux êtres dans des karmas ou situations difficiles dus à de mauvais choix et à *une* mauvaise connaissance du libre-arbitre.

La méditation et le silence intérieur apportent la paix et permettent de percevoir la compréhension. Car c'est par votre regard intérieur que vous pouvez tout simplifier autour de vous et donner de la sagesse à vos pensées.

Vous pourrez alors transformer aussi vos émotions en sagesse et vivre en état de conscience supérieure par la simplicité.

Acteur, je vous rappelle que vous êtes seulement invité à venir réussir votre séjour terrestre pour apprendre, comprendre et intégrer des expériences pour enrichir votre vécu avec votre entourage. Il est donc urgent de rétablir la loi de l'Hospitalité oubliée, pour bien vivre votre étape.

Toutes les civilisations anciennes le savaient, ainsi que tous les sages qui habitent votre planète. Autrefois il suffisait d'une poignée de sel pour obtenir l'Hospitalité

Que savez-vous au juste, aujourd'hui ?

Qui avez-vous invité pour vous accompagner ? Savez-vous au moins comment utiliser pleinement une journée ?

Les jours passent, se suivent, et vous ne pouvez pas arrêter le temps. Avec ou sans vous l'heure avance. Vos pensées d'aujourd'hui construisent votre avenir, et si vous pensez à hier en ressassant votre passé, vous n'avancez plus et vous « réglez » deux fois la même histoire ; ou pire encore, vous stagnez par votre non-choix. Car le libre arbitre vous a été accordé, et si vous ne savez pas prendre de décision au bon moment, vous recevrez tout au long de votre vie autre chose que ce que vous attendiez. *(Rappelez-vous Sodome et Gomorrhe).*

Il faut bien déterminer votre pensée profonde, bien donner un sens à votre vie, bien faire les choix qui vous correspondent et vous y fixer avec attention, puis vous relâcher et passer à l'étape suivante. Quand vous vous bloquez en mentalisant, vous retardez l'effet et les résultats. Si vous laissez faire en ne prenant pas de décisions, vous êtes entraîné dans des maladresses.

Vos énergies sont très puissantes et tout ce que vous émettez est renvoyé vers tout l'Univers car toutes vos pensées profondes sont entendues, inscrites sur votre page blanche et enregistrées à votre insu. Ainsi, vous comprenez qu'il est important d'avoir des pensées saines et qu'il est absolument nécessaire de prendre vos responsabilités très clairement.

Vous êtes assisté divinement par plusieurs entités en service qui ont accepté de vous accompagner dans l'ombre de vous-même sans vous gêner. Elles vous aident à trouver des solutions au travers de vos rêves, et quelquefois vous transmettent des messages par le canal de votre pouvoir intuitif.

Au fait Artiste, savez-vous que vous avez tous sans exception reçu ce pouvoir ou *ce* don à votre naissance ? La peur vous empêche de le développer !

L'organisme humain est une fabuleuse invention que je qualifierais de « divine ». Toutes vos cellules sont intelligentes et indépendantes ; *elles sont toutes à votre service.*

Aussi il vous faut bien savoir comment vous fonctionnez pour établir l'harmonie entre le corps et l'esprit, et pour faire circuler les énergies que vous développez, celles que vous recevez et que vous renvoyez ensuite. C'est comme pour le nouveau-né qui doit développer ses poumons en arrivant au monde, pour respirer ensuite inconsciemment et en toute innocence.

Dans un lieu de rassemblement comme ce théâtre par exemple, plusieurs centaines de personnes reçoivent en même temps les paroles de l'interlocuteur et son énergie. Vous aussi vous lui envoyez l'énergie de votre pensée et l'échange se pratique dans l'invisible. Il en est de même pour l'air respiré car il est échangé entre voisins, et ensuite recyclé ; et chacun bénéficie des ondes transmises par l'autre et même par l'ensemble.

C'est ainsi que l'énergie de groupe produite a une puissance magnétique très importante et totalement transparente, car elle se passe d'esprit à esprit à l'intérieur de chacun.

Avant de rétablir la loi de l'Hospitalité en vous, il est nécessaire de savoir qui vous êtes. Il faut bien connaître *votre pouvoir émetteur/récepteur/ transmetteur,* avant de vous rendre dans des réunions, car dans votre inconscient, même collectif, les énergies circulent et influencent votre esprit avec votre accord ou dans votre ignorance.

Quand vous invitez un Sage pour habiter votre conscience, vous recevez son énergie ; aussi si vous n'invitez personne, vous recevez le message énergétique de n'importe qui dans l'univers, sans sélection. C'est ainsi que certaines personnes plus sensibles et très intuitives reçoivent sans le savoir des énergies basses et destructrices et sont ensuite remplies de désespoir et même dans un état d'esprit suicidaire.

Vous pouvez inviter dans votre conscience tous les êtres que vous voulez. Il serait plus sage que vous demandiez à votre conscience supérieure de vous guider plus justement pour n'inviter que les êtres inscrits sur votre contrat de vie. Cela vous évitera des rencontres inutiles.

Ce sont l'incroyance et l'ignorance qui nuisent à un individu. Il peut se protéger et recevoir uniquement le bienfait de ces énergies très nombreuses que sont les anges et les génies en sélectionnant ses invités avec plus de discernement. Les anges s'installent dans l'esprit et les génies utilisent uniquement les corps.

En rétablissant cette première loi de l'Univers oubliée, vous deviendrez un être autonome, indépendant et libre. Quand vous aurez acceptez vos responsabilités et vos choix, vous pourrez aller plus loin et plus haut pour comprendre les autres lois de l'Univers. En rétablissant **la** loi de l'Hospitalité, vous acceptez l'aide divine et <u>vous vous rangez dans la Lumière.</u>

Vous retrouvez votre propre nuance, qui deviendra totalement transparente avec le temps, et vous obtiendrez la paix en vous recentrant en vous-même. Avec de la patience et des convictions sincères et profondes, vous recevrez tous les bienfaits de l'Univers, et la joie s'installera dans chacune de vos milliards de cellules.

Vous prendrez du recul face à vos émotions et vous aurez acquis un nouveau pouvoir en vous situant entre la raison et l'émotion pour mieux gérer vos instincts, car la raison est trop rigide et l'émotion trop sensible.

Il n'est pas nécessaire de changer de rôle ni même de revêtir les costumes des autres, bien au contraire, il est nécessaire d'apprendre à bien vous connaître à l'intérieur en découvrant toutes vos richesses insoupçonnées. Il faut vivre en réelle cohabitation avec votre Soi profond qui vient de loin, qui a déjà vu, entendu et exprimé tant de choses. **Rien ne peut se passer sans vous, sans votre profondeur car la surface s'efface très vite.**

Dès que vous rétablirez la loi de l'Hospitalité dans votre cœur, le réel, le vrai, l'authentique, le lumineux refera surface à son tour pour devenir plus brillant et clair, sans artifice ni vernis, perdant d'un coup son terne éclat. Vous aurez alors ressemé l'essence de la graine originelle. Sa sève est inépuisable et retrouve la source de vie. Et Vous êtes cette source ! Vous n'avez donc plus à la chercher puisque vous l'êtes.

Elle vous a été offerte par amour par votre Créateur, et cela depuis toujours ; vous l'aviez seulement oublié le temps de vous perfectionner.

Reconnaître les cadeaux divins, c'est de les offrir à nouveau par la loi de l'Hospitalité, et ne pas chercher à acquérir sa vie durant ce qui est déjà là gratuit, au fond de vous-même comme au fond de chacun sans exception dans une grande équité :

**Celui qui est, a tout
Celui qui a, n'a rien
Celui qui cherche, trouve.**

Les cadeaux sont là, il faut vous ouvrir à la connaissance pour les percevoir, les recevoir et les inviter à entrer s'installer en vous. **Rien n'arrive sans effort. Vous recevrez les clés et les serrures ; elles sont déjà votre propriété. Ce sont votre liberté et votre audace qui feront le reste, le libre-arbitre se met devant chaque porte.**

Celui qui ne sait pas donner n'a pas reçu et il doit apprendre l'échange.

Maintenant Acteur, vous n'êtes plus ignorant, vous savez, et vous avez le mode d'emploi. Le temps c'est de l'amour et si vous le gâchez, vous perdez beaucoup.

Autant que vous le sachiez maintenant avant votre dernier souffle de vie, car si vous laissez passer le temps dans l'ignorance, il vous faudra revenir pour encore apprendre ce que vous aurez oublié à nouveau. La vie peut être simple si vous osez essayer les clés :

- Oser c'est apprendre à se dépasser.
- Celui qui n'essaye rien ne reçoit rien,
  Il n'a pas le droit de se plaindre ensuite.

Il y a trois mots importants qui qualifient les énergies des trois forces qui coopèrent avec le Christ et forment derrière Lui un grand et puissant triangle :

- L'énergie de Bouddha, la Lumière (car la lumière vient toujours de l'Orient).

- L'énergie de l'Esprit de Paix, l'Amour (établissant les justes rapports entre les Hommes).

- L'énergie de l'Avatar et de la synthèse, la Puissance (employant à la fois la Lumière et l'Amour).

Ainsi, ces trois mots : **LUMIERE, AMOUR, PUISSANCE**

sont trois clés d'orientation spirituelle d'Unité. N'oubliez pas Acteur, que chacun doit lui-même reconquérir son âme et que nul ne peut le faire à sa place. Chacun doit récolter ce qu'il a lui-même semé. (Cause, agent et effet sont indivisibles). L'agent c'est vous et votre esprit.

Il se situe dans votre libre-arbitre et appartient à

votre responsabilité. Nous y reviendrons en détails plus tard.

La Vérité n'est pas la même pour chacun d'entre vous. C'est pour cela qu'il faut énoncer de grands principes et laisser chacun les interpréter comme il l'entend. Un Homme est tel qu'il le pense en son cœur et l'énergie suit sa pensée.

La volonté divine exige que tous les hommes servent leurs semblables quelques soient leur nation, leur race ou leur religion, pour apprendre à se découvrir davantage et vivre l'unité divine.

Comme tout revient à un échange d'énergies, les relations humaines justes seront possibles et praticables avec la loi de l'hospitalité. Elles pourront se généraliser au monde entier quand vous serez tous éclairés et conscients de vos vraies libertés.

*Qu'est-ce donc une forme-pensée ?*

Cher Acteur, la pensée est supportée par une émotion qui devient un sentiment. Celui-ci se nourrit en accordant de l'attention au désir. Il vous faut réapprendre à utiliser les mots justes.

Ainsi, vous « n'avez » pas la paix, l'amour, l'harmonie... Vous « **êtes** » la paix, l'amour l'harmonie si vous affirmez habiter votre corps, ce véhicule avec chauffeur, si vous avez pour adresse, la conviction.

Il faut être présent à tout son esprit intérieur, bien détendre son corps aux trois niveaux, physique, émotionnel et mental, sans lutte ni réprimande et conserver une position d'observateur. Il faut pouvoir utiliser la maîtrise de sa pensée comme une force concentrée.

Vous pouvez apprendre à reconnaître les énergies que vous captez de façon subconsciente. Vous êtes semblable à un poste de radio capable de capter de nombreuses stations. Ce que vous recevez dépend de ce vers quoi vous portez votre attention.

Vos centres énergétiques s'ouvrent, votre capacité à être conscient et sensible aux énergies autrefois invisibles, s'accroît avec les nouvelles vibrations qui arrivent pour l'ensemble des êtres humains. L'énergie terrestre se modifie *et prêt ou non,* vous recevez cet ensemble.

Beaucoup d'entre vous ont grandi comme des enfants très conscients et sensibles. En vous ouvrant, il est important de développer la sagesse, d'abandonner la douleur et de vous élever au-dessus de la négativité. Le processus de la visualisation peut transformer une énergie négative en énergie positive.

Chaque maison contient les énergies et les pensées de ses occupants. Vous recevez sans cesse des messages de l'univers qui vous indiquent le chemin. Plus vous êtes conscient de l'énergie des autres personnes, plus vous êtes conscient de vos propres messages.

Plus votre cœur sera ouvert et débordant d'amour, plus vous sentirez l'énergie.

Votre imagination est un outil très puissant pour sentir l'énergie. La concentration accélère le temps et dirige l'énergie. Dans une situation difficile, émettez de l'amour. L'amour soigne et vous protège. C'est le meilleur cicatrisant. Il répare, régénère et vous aide à vous reconstruire si vous savez écouter votre cœur. Donnez-vous du temps pour penser à ce que vous voulez plutôt qu'à ce que vous ne voulez pas. Il faut réapprendre à être plus à son écoute intérieure.

La conscience de votre corps, de vos pensées et de vos émotions vous permet de découvrir les effets que les autres personnes ont sur vous. Ne rendez personne coupable ou responsable, ni l'autre, ni vous-même pour regagner votre autonomie.

Quand une personne extérieure vous rend coupable par ignorance, conservez de la compassion pour elle, car vous ne pouvez pas regagner votre liberté sans votre responsabilité. L'amour, la miséricorde et une attitude franche valent les meilleurs diplômes.

Lorsque vous vous sentez déprécié, en colère ou vidé, c'est un signe que l'autre personne n'est pas ouverte à votre énergie. Aussi, si vous voulez garder une relation saine avec votre entourage, utilisez les émotions d'amour pour vous aider à la réalité ! Ecoutez avec *un* mental silencieux pour mieux diriger le courant d'énergie entre vous et les autres.

La loi de l'hospitalité aide à obtenir la compréhension de ce raisonnement en **appliquant la loi du pardon sous toutes ses formes.**

L'être ne peut pas avancer sans pardonner et se pardonner pour effacer tout le négatif stocké en lui dans ses milliards de cellules que l'Orient appelle **KARMAS.**

Prendre un engagement avec vous-même signifie écouter vos sentiments à chaque instant et agir selon ce qui vous semble juste au moment présent. Apprenez à distinguer les moments où vous devez faire attention à vos propres besoins, de ceux où vous devez être désintéressé.

Ne vous sentez ni responsable, ni coupable du bonheur des autres. Chacun choisit pour Soi ; vous ne pouvez choisir pour les autres. Donnez aux autres ce que vous aimez recevoir, amour, soutien, appréciation, santé et reconnaissance et vous recevrez cela en retour.

Pour faire partir vos peurs, regardez-les en face. Ainsi en les confrontant, vous les amènerez à se dissoudre dans la lumière de la conscience.

Aimez et acceptez ce que vous êtes et non ce que vous serez ou voudriez être. Personne n'est à la merci des forces cachées ou des programmes encore inconnus. Vous ne pouvez que regarder en vous-même pour trouver les réponses.

En vous centrant sur ce qui est bon chez les autres personnes, vous leur permettez de s'épanouir au mieux. Soyez conscient de l'image que vous offrez de vous, lorsque vous parlez aux autres. Tout ce que vous faites n'a pour but que d'apporter plus de lumière dans votre vie et dans votre entourage. Pour amener le subconscient dans le Soi le plus élevé, regardez chaque partie de votre vie et questionnez-vous :

Demandez-vous quelle est votre vision la plus haute.

Voyez la pierre précieuse qui sommeille en vous.

Si vous demandez « *une guidance* », faites confiance aux messages qui vous viennent de l'Esprit.

Il vous faut savoir que votre propre définition de vous-même influence considérablement votre comportement.

Portez attention aux images que vous envoyez aux autres personnes, car elles seront captées plus facilement que des mots. Ces images ont-elles pour but de freiner les personnes ou au contraire de les aider à évoluer ? (la réponse est à nouveau dans cette question).

Utilisez votre imagination pour visualiser le chemin d'harmonisation le plus élevé que vous puissiez prendre, afin d'avoir la vision du but de votre présence sur Terre.

Comprenez cher Acteur, que *la compassion* est la capacité de se mettre à la place des autres en toutes circonstances, et que vous n'avez pas besoin de souffrir et de lutter pour grandir. Vous devez simplement apprendre à atteindre une vérité plus profonde.

Savez-vous que vous possédez tous le plus grand des pouvoirs, celui de vous soigner vous-même en observant les différentes personnalités qui existent en vous.

L'une est forte, l'autre observe avec détachement, une autre est restée jeune et émotive, tandis qu'une autre encore est très sage... et vous avez la faculté de connaître votre vérité.

Lorsque vous pensez à ce que vous allez dire à quelqu'un, gardez en vous l'image de votre plus profonde vérité et entraînez-vous à vous exprimer avec amour, car le cadeau le plus précieux que vous offrez aux autres ainsi qu'à vous-même, c'est de respecter votre plus profonde vérité.

La faculté de vous donner raison plutôt que tort, vous permet de grandir plus vite, car il n'y a pas de bon chemin pour évoluer et pour ouvrir la destinée de votre âme. C'est à vous qu'il appartient de choisir ce qui est le mieux pour vous. Si un domaine de votre vie ne fonctionne pas comme vous le voulez, c'est qu'une de vos croyances dans ce domaine demande à être changée.

Vous pouvez même aider l'humanité à atteindre la paix en faisant évoluer vos propres pensées. Rien ne peut se passer sans vous. Rappelez-vous : vous êtes doté de l'instinct, de la parole, du sentiment, du souffle et du verbe et vous avez reçu en vous tout ce qui est nécessaire pour atteindre l'autonomie.

*Merci petite voix,*
*Je mesure mon ignorance*
*En t'écoutant et j'en souffre.*

Acteur, mon petit, la souffrance n'est pas inutile car elle aide à atteindre un dépassement de Soi et permet de grandir dans la responsabilité. Il faut remercier la chance de vous avoir permis d'expérimenter les difficultés, car la vérité est très profonde et il faut aller la chercher tout au fond de son être pour retrouver la pureté originelle.

Il est capital d'atteindre son Essence, et de vivre l'état de paix dans sa lumière, en restant fidèle à soi-même avec une intégrité irréprochable. Cela amène à ne plus vivre dans la lutte et la douleur sans avoir tiré les enseignements de ce cadeau de la vie. La facilité rend paresseux et ne permet pas le dépassement.

Les autres, tout votre entourage, ne sont là que pour jouer certains rôles afin de vous permettre d'évoluer. Alors abandonnez les colères et les blâmes que vous conservez à leur égard.

La vérité, c'est que vous êtes un être merveilleux et complet à l'intérieur. Vous avez en vous la compassion, le courage, la force et la sagesse d'être l'Ultime Source à chaque instant.

En fait, vous jouez des rôles qui ne sont pas à l'image de votre grandeur. **Ce ne sont que des rôles, des comédies qui n'ont rien à voir avec *votre véritable Vous intégral*** qui accorde de l'attention à l'Energie pour être dans la vérité.

Il n'est pas nécessaire de n'avoir rien à perdre pour vivre l'état d'Harmonie avec votre profonde vérité. Savez-vous que vous pouvez envoyer l'énergie vers le futur comme dans le passé ; ainsi l'énergie, que votre cœur émet aujourd'hui, peut guérir une situation appartenant au passé, dans un autre temps, une autre vie...

Je vais vous raconter l'histoire d'une femme qui fréquentait un homme depuis longtemps. Un beau jour, sans explications, cet homme la quitta pour vivre un nouvel amour. La femme, blessée dans son amour propre et par l'échec de la relation, commença par donner tous les torts à l'homme. Puis, après avoir bien réfléchi et médité, elle se mit en contact avec sa vérité profonde et comprit qu'elle aimait toujours réellement cet homme, et qu'elle préférait rester son amie.

Elle changea alors d'attitude et accepta qu'il puisse désirer une autre femme. Elle ne ferma plus son cœur car cela n'était pas Sa **vérité.** Et malgré la blessure et la peine qu'elle avait ressenties, elle accepta d'exprimer son amour dans une communion d'esprit à esprit. Deux mois après leur séparation, l'homme lui téléphona pour prendre de ses nouvelles et ils parlèrent longuement et calmement dans le respect et l'amour, sans colère ni regret, aucun des deux n'étant devenu coupable ou victime.

Ils rirent même tous deux à l'évocation de souvenirs communs et se promirent de dîner prochainement ensemble.

La morale de cette histoire est en fait une leçon de sagesse car ils ont compris chacun la loi de l'Hospitalité en s'accompagnant l'un et l'autre dans un échange constant. L'habitude et l'intérêt avaient occulté ce qui les liait.

Avec le recul, en dialoguant, ils comprirent qu'ils étaient plus amis qu'amants et que la vie de couple avaitétouffé la fraîcheur et la spontanéité de leur relation.

Ils avaient trop de différences pour pouvoir vivre ensemble au quotidien. Chacun se maria de son côté et les deux couples vécurent très heureux.

Il faut être conscient des messages télépathiques et des émotions que vous émettez car ils ont le pouvoir d'affecter de nombreuses personnes. Vous recevez en fonction de ce que vous avez émis de façon consciente ou inconsciente. Alors apprenez à accepter la responsabilité de vos pensées et le contrôle sur les émotions que vous émettez.

Pensées et émotions voyagent dans l'Univers et recréent les évènements et les circonstances qui vous parviendront en retour. Vous devez apprendre à émettre des pensées et des sentiments positifs vers les autres. Chaque pensée émise est magnétique parce qu'elle crée et attire à vous, les événements, les êtres, les choses et l'objet.

Chaque pensée émise crée un événement dans l'Univers et attire des êtres vers vous et chaque pensée crée la transformation de la planète tout entière.

En établissant la paix et l'harmonie à l'intérieur de votre être, et en émettant par votre pensée élevée de l'énergie bienfaisante, vous pouvez éliminer par milliers les pensées négatives autour de vous.

Le mal n'existe que s'il est évoqué ; un ennemi n'existe que s'il est désigné et nommé. Il en est de même du Bien, et en élevant vos pensées vous vous élèverez et ferez en même temps évoluer énergétiquement tous ceux qui vous entourent.

Toutes vos pensées hautes et bienfaisantes se propagent dans votre environnement et dans votre entourage pour aider ceux qui désirent s'élever et quitter les énergies basses qui les enveloppent.

La lumière blanche entre en chacun de vous par la respiration. Respirer c'est prendre conscience que vous habitez votre corps et c'est aussi être dans le partage avec ceux qui respirent le même air.

Vous pouvez utiliser n'importe quel sens : visuel, olfactif, auditif, gustatif ou tactile pour obtenir l'état souhaité ou la vertu recherchée et vous recevrez les informations demandées.

Vous pouvez d'après vos évocations conscientes ou non, inviter ou rencontrer l'Ange, sous aspect humain ou pas, comme l'inverse peut se produire ; tout dépendra de ce que vous avez semé par rapport à votre croyance.

*Si je comprends bien, petite voix,*
*Tout est avantage et difficulté ?*

En effet Acteur, selon le lieu et la famille qui accueillent votre âme, il y aura dès votre naissance des décisions à prendre et des choix à faire.

Pour conserver un détachement face à tous les blocages éventuels, il est vrai que le meilleur lieu d'habitation, c'est de s'asseoir au centre de son cœur, d'y prendre du recul et d'y contempler avec sagesse la pierre philosophale. Quand on ne sait pas qu'il y a un obstacle, on ne le voit pas et il n'existe plus.

Certains d'entre vous ont une vie facile et de repos ; on dit que tout leur réussit. En fait, ces personnes ont mérité cette pause intérieure ; et en même temps elles ont un rôle très important vis à vis de l'extérieur car sans le savoir elles servent de vitrine à leur entourage et contribuent à perpétuer l'image du bonheur ou la perfection à atteindre dans des domaines divers.

Elles donnent la preuve que les miracles existent. Elles entretiennent les rôles à succès en offrant aux autres des buts à atteindre.

Il y a aussi des êtres tout à fait exceptionnels, de véritables héros, sortis de l'ombre qui accomplissent des exploits hors du commun. Ils vivent la bravoure à l'intérieur d'eux-mêmes et offrent aux autres l'image que tout est possible.

Il faut retenir, cher Acteur, que toutes les vies produisent pour les autres des images extérieures et que les différences vous apprennent à découvrir vos facettes intérieures.

La simplicité et la loi de l'Hospitalité corrigent tous les excès de tous les rôles. Elles vous révèlent que vous êtes un véritable caméléon et que vous ne connaissez encore rien de vous dans la profondeur de votre être car TOUT EST DANS LA DECOUVERTE.

Le meilleur rôle à jouer est de devenir un modèle de Sagesse pour son entourage et un modèle de compassion à l'intérieur de son être en ayant accepté et pratiqué le pardon sous toutes ses formes.

Pardonner complètement à l'extérieur et surtout à l'intérieur de Soi, c'est accepter de comprendre la distribution des rôles de chacun et ses propres lacunes. C'est aussi ne pas s'investir dans le piège des excès, en acceptant d'être responsable de tous ses actes, quel que soit la situation rencontrée.

Rien n'est hasard. Si vous attirez une situation, il faut en accepter la leçon et en tirer les enseignements, le temps d'apprendre, de comprendre, de savoir et de passer à l'étape suivante.

La vie d'un être animé est une succession d'étapes comme la semaine est une succession de journées. Les vies se suivent sans se ressembler et l'expérience de chacune complète le puzzle en construction du Savoir.

Chaque individu est à la bonne place, à son étape d'évolution et chacun a demandé de venir accomplir ce séjour terrestre pour donner, recevoir, échanger et transmettre la vie et les informations relatives à cette étape.

La sagesse s'acquiert avec beaucoup de temps, et de nombreuses vies sont nécessaires pour l'atteindre. CHAQUE ETRE EST EN MUTATION permanente.

Vous devez être indulgent avec vous cher Acteur, et continuer à vous poser des questions pour recevoir des réponses. Vous vivez une époque fabuleuse pour atteindre la liberté.

L'ignorance n'est plus de mise avec tout le Savoir que les anciens Maîtres ont laissé pour vous en cadeaux universels. Tout est vérité et tout n'est que fragment pour vous aider à mieux vous construire à l'intérieur.

La sagesse n'est pas forcément un acte de vieillesse, car il existe des enfants qui sont nés « sages » par leur raisonnement, leur logique et leur profondeur. L'âge physique apporte une notion, un repère et une écoute, alors que l'âge de l'âme apporte la compréhension.

Ce qui peut vous paraître injuste ou illogique dans l'étape que vous vivez actuellement, Acteur, peut trouver une réponse juste et logique en étudiant le parcours de votre âme. Il est nécessaire de passer par l'insouciance de l'enfance pour rencontrer la sagesse. L'enfant est pur et accepte d'être guidé par ses parents sans chercher à nuire à son prochain, et sa mémoire est encore imprégnée des lois universelles et de la justice divine.

Acteur, vous et vos semblables avez tous reçu le même potentiel au départ ; c'est l'utilisation des étapes de vos vies ainsi que l'état de votre épargne qui donne des résultats différents dans la vie que vous vivez actuellement.

Acteur, vous prétendez être athée dans cette vie : c'est parce que votre naïveté a été abusée durant quelques passages, et que vous vous êtes laissé entraîner, ignorant alors votre force intérieure.

Vous avez rejeté la foi extérieure et la religion de vos parents sans comprendre le sens de vos devoirs envers ce groupe. Vous préférez vivre privé de votre essence divine intérieure en vous torturant dans votre silence. Cela vous rend hargneux envers votre équipe ou votre troupe d'acteurs et vous vivez mal cette étape actuelle dans votre être profond.

Vous tournez en rond et vous ne cherchez même plus à vous expliquer les mystères de la création dont vous êtes. Même si votre vie extérieure est banale et monotone. Il n'appartient qu'à vous d'avoir à l'intérieur de vous une vie riche et intense avec votre esprit qui nourrit votre âme !

Et plus jamais vous ne serez coupé de vos racines. Vous pourrez alors partager des moments ineffables avec vous-même, et tout votre entourage profitera de votre illumination.

Celui qui cherche, trouve,
Celui qui donne, recevra,
Celui qui s'éveille, trouve le chemin,
Celui qui a la richesse intérieure, distribue,
Celui qui sait et qui connaît ses valeurs, doit transmettre et contribuer aux cycles de la vie en offrant la loi de l'Hospitalité à son entourage.

Le but de ce qui précède c'est l'échange et le partage dans la communion en apprenant à vivre tous ensemble dans le respect des lois universelles. C'est aussi contribuer à l'équilibre et l'harmonie de votre être, ainsi toute la planète en profitera.

Savez-vous cher Acteur, que la loi de l'Hospitalité aime les trinités ? Et que le seul moyen de renoncer à la dualité, c'est de rétablir ces trinités oubliées dans votre conscience.

*Effectivement petite voix, dans dualité*
*On entend « deux » donc contradictions*
*Et dans trinité on retrouve le trois, ce qui*
*Me paraît plus complet. C'est encore*
*Abstrait pour moi ! Merci de m'enseigner,*
*Je t'écoute avec beaucoup d'intérêt.*

*Eh* bien, ce sujet est vaste et aussi très important. Alors soyez très attentif mon petit car un tiers des occupants de ce théâtre est ici présent pour avoir expérimenté cet aspect et les conclusions des études qui ont été faites sur votre vie présente sont très diverses.

La première et la plus simple c'est :

**Père, Mère, Enfant :** conception qui conduit avec spiritualité à un avancement vers son Soi Intime et qui devient :

**Créateur, Terre nourricière, Enfant divin** qui conduit à l'élévation.

Ce cercle s'élargit ensuite jusqu'à épouser celui de la planète en se situant au sein d'une source universelle :

**Frère, Sœur, Fraternité,** qui ramène à l'Eternel, la vie, la création sans autre logique. Vous ne pouvez évoquer la fraternité sans offrir l'Hospitalité aux autres, à l'intérieur de votre temple de chair par :

**Le pardon, la compassion, la miséricorde,** pour vous réunir dans les Temples de pierres avec plus d'unité entre les croyances, les compréhensions, et les fondre avec :
**Foi, conviction, lumière** de Soi et de tous les autres.

La *Trinité évoque aussi un sens circulaire compris dans le mouvement inhérent à tout être animé*

**Intérieur, extérieur, retour intérieur** en justice rigueur et loyauté ;

| Justice divine | Justice des Hommes | Justice intérieure |
|---|---|---|
| Liée aux | Liée aux | Liée aux |
| Lois universelles | Lois terrestres | Pardon et sagesse |

Si on change à l'intérieur, on modifie systématiquement son extérieur et cela se remarque dans son comportement. Si on vit la paix intérieure, on obtient la paix avec son entourage et un jour la Paix naîtra sur tous les continents.

Tout commence par soi et revient à Soi en passant par les autres ; l'entourage en profite puis tout l'Univers et donc le Soi comme un de ses éléments.

C'est ainsi Acteur, que tous les parents donnent et apprennent le don de soi avec / et par leurs enfants grâce à l'Amour filial. Les enfants jeunes reçoivent et partagent avec leurs frères et sœurs l'amour des parents.

Une fois devenus parents, ils offrent à leur tour à leurs enfants ce qu'ils ont compris sur cette Hospitalité, sur l'échange et sur l'amour filial dénué de tout jugement, avec équité et naturel. Ainsi des générations se succèdent avec des modifications vibratoires. Des énergies de groupes et des puissances collectives deviennent des égrégores de force.

Chaque être doit vivre avec son identité, dans son groupe d'appartenance familiale et de conscience. Il doit apprendre à se situer à l'intérieur de lui-même pour bien vivre son étape d'évolution complètement personnelle.

Les différences entre les peuples sont inventées, créées, imaginées à l'extérieur et n'existent pas à l'intérieur de l'être. Les cultures sont différentes et pourtant les larmes expriment les mêmes souffrances.

L'âme suit son évolution et franchit les portes du Savoir. Elle reçoit les clés pour avancer en allégeant le fardeau qu'elle a accumulé, elle se purifie dans une constante renaissance apportant sa contribution à l'âme universelle pour le bien de Tous.

Aucun être n'a le droit de juger son semblable de l'intérieur sans se remettre lui-même en question. Même si les actes paraissent répréhensibles, c'est avant tout la conscience intérieure de chacun qui doit les conduire, l'un vers le pardon et l'autre vers le repentir.

L'indulgence commence dans la conscience de chacun pour aboutir à la tolérance à l'extérieur.

Le pardon est nécessaire pour y parvenir :

- pardon intérieur pour et par Soi-même
- pardon extérieur pour l'Autre, et tous les Autres
- pardon intérieur en retour pour ce que l'on a subi
  de l'Autre, des Autres.

Cette dernière étape du pardon est plus difficile à accepter si on se place en victime. Elle est cependant indispensable pour l'avancement car c'est grâce à elle que l'être devient plus responsable.

**Il faut pardonner non pour oublier, seulement pour bien vivre la paix intérieure et pour continuer sa propre évolution, en regagnant une étape vers la liberté.**

*Le pardon devrait s'installer comme « **une loi** » dans l'esprit humain, afin de libérer sa conscience.*

Celui qui refuse d'avancer stagne et régresse inévitablement car l'âme est toujours en avance sur le corps qu'elle a temporairement emprunté. A chaque passage vous héritez d'un véhicule neuf et chaque fois différent. *Vous en connaissez un rayon, acteur sur* ce *chapitre !*

Chaque fois vous vous retrouvez prisonnier du temps compté dans votre propre sablier et des quatre saisons terrestres, alors que votre âme, elle, se nourrit du patrimoine laissé en héritage dans sa mémoire. Nous vous accompagnons (nous tous, votre propre communauté intérieure) à chacun de vos déplacements terrestres. Ainsi, vous pouvez consulter à tous moments les fragments de « votre histoire » quand vous aurez pris conscience de notre existence et que vous aurez dépassé toutes vos peurs et vos tabous.

Si tout a été consommé, il faudra ressemer plus difficilement et même si vous avez eu la chance d'avoir su préserver votre héritage intérieur, il faudra semer pour continuer d'avancer, mériter d'être à votre dernier voyage terrestre et pouvoir explorer d'autres plans de' conscience plus élevés :

    - Détruire à l'extérieur, c'est s'auto-détruire à l'intérieur,

    - Construire autour de Soi, c'est s'enrichir à l'intérieur,

- Donner à l'extérieur ce qu'on n'a pas à l'intérieur c'est mentir ou s'appauvrir,
- Donner à l'extérieur <u>c'est offrir</u> et il n'est pas convenable d'offrir ce qui n'est pas le meilleur.

L'acte de générosité passe aussi par le respect de Soi et offrir un sac vide à son prochain c'est se moquer de lui, alors que vider un peu de son sac plein contribue à la loi universelle de l'Hospitalité.

L'Autre en retour pourra survivre avec votre don, et prendre le temps pour bien vivre de sa récolte sur son propre terrain. Ensuite à son tour il pourra perpétuer la chaîne universelle. Rappelez-vous Acteur, de l'histoire des moissonneurs !

*Ainsi, petite voix, tu voudrais dire*
*Qu'au départ nous sommes tous*
*Des frères et sœurs,*
*Comme toi le grain de sable*
*Uni aux autres pour faire une plage ?*

Eh oui petit, unis en esprit par les plans supérieurs de conscience divine, nous nous retrouvons avec vous sur Terre, toujours au bon endroit et au bon moment de votre existence, car nous partageons ensemble bien plus qu'une complicité et une amitié. Nous nous retrouvons en famille unie et ternaire : père, mère, enfants.

Quand vous retrouvez des frères et sœurs spirituels, vous savez que vous n'avez pas de cousins ; car la fraternité n'a ni couleur ni race, ni frontières et n'accepte aucun cousinage avec des faux frères et sœurs. Elle n'accepte pas non plus de faux amis et encore moins des demi-dieux.

Le cousinage est mensonge ; il vous ressemble montre sa jalousie et sa convoitise, et il se querelle.

Combien de guerres entre cousins ont rempli l'histoire, tandis que frères et sœurs s'unissent et se partagent les mêmes parents et le même patrimoine. L'Amour fraternel apprend à aimer son frère ou sa sœur sans analyse ni mesquinerie et se vit dans le respect mutuel.

Quelque fois des affinités sont plus marquées, car l'unité familiale a été la première façon traditionnelle de transmettre la loi de l'Hospitalité.

Avec l'arrivée des cousins, les fausses croyances ont divisé les familles unies par les liens du sang, **et le doute est né.** Des familles d'emprunt se sont substituées aux groupes d'origine et les discordes ont dévasté toutes les valeurs.

Privées de repères, les masses ont suivi de nouveaux chefs patriarches sans méfiance ni discernement, convaincues de bien faire. Toutes ces personnes esseulées demandaient protection, justice et nourriture comme des enfants, et l'esclavage est né avec l'asservissement de l'Homme par l'Homme.

Les cousins ont même inventé un dieu vengeur qui punit et cette fausse justice évolua et prit de la force avec les convictions de chacun. L'instinct de conservation remplaça l'instinct d'origine et de confiance.

Dans l'histoire de l'Humanité, des moments de terreur et d'effroi ont engendré la haine. L'ombre a voilé l'Amour, sous l'œil du Créateur tout amour qui surveillait ses enfants se déchirant dans l'expérimentation du libre arbitre ; Il respectait le libre choix de chacun.

Le Créateur présent à chaque instant contemplait cet effroyable spectacle et écoutait les calomnies colportées à son égard. Il décida alors d'envoyer discrètement et régulièrement des Maîtres, des porte-paroles qui prenaient forme humaine.

Ces êtres d'apparence humaine sont porteurs de la force divine et ils ont conservé une mémoire consciente. Ils se sont mêlés à la foule et sont restés intègres. Ils savent qu'ils sont des serviteurs de lumière. Modestes et discrets, ils aident à transmuter et changer les formes-pensées de cette humanité sur le déclin.

Leur but qui est universel est d'informer pour aider chacun à retrouver sa liberté dans sa propre lumière, sans rien imposer. Il faut savoir s'alléger pour retrouver sa pureté originelle.

Aujourd'hui cher Acteur, vous êtes tous la descendance de ces familles recomposées par les unions mixtes entre frères et sœurs, et cousins, cousines depuis la séparation des enfants d'Abraham. Il y a quelques exceptions et des cousins sans foi ni loi ont fait subir à la race humaine tant d'injustices, de supplices et de souffrances que certains sont devenus incroyants, et que d'autres sont dans la neutralité.

Les cœurs devenaient secs par tant de souffrances et de duretés subies, par les famines, les maladies et les excès de vices en tous genres.

Le Créateur n'a jamais abandonné ses enfants même lorsqu'ils se sont détournés de Lui pour apprendre et comprendre, et Il a toujours envoyé, inlassablement, ses porte-paroles, Maîtres de Sagesse, devenus des messis d'espoir pour distribuer dans toutes les croyances et sagesses établies, des paroles de réconfort sur tous les continents.

Avec le temps, beaucoup de temps, l'être humain a quitté son manteau bestial et criminel, et bien que traqué par des groupes de l'ombre il a regagné ses libertés. Aujourd'hui il n'y a presque plus d'esclavage et l'être humain peut s'exprimer, apprendre et savoir ce qu'est le libre-arbitre en étudiant tous ses aspects, sans être condamner.

Il a fallu l'ère du Verseau dans l'âge d'or, pour apprendre, comprendre et intégrer que le Créateur a respecté « sa Parole » en offrant à Eve et Adam (symboles) le libre choix face à la Connaissance.

Il offre à ses enfants la possibilité de retrouver à tout moment l'Arbre de Vie qui apporte les dix énergies primordiales, les séphiroths qui constituent votre univers et les vingt-deux cinéroths qui correspondent aux vingt-deux lettres de l'alphabet hébraïque et aux vingt-deux lames du Tarot.

Ces trente-deux voies de sagesse offrent à l'humanité la révélation des clefs de la création. Cet héritage unique d'un Père à ses enfants est le témoignage vivant que le Créateur est omniprésent et le plus permissif. Il a vu sacrifier, violenter, anéantir les enfants de ses enfants, la chair de sa chair.

Il a cependant laissé l'Homme transmuté retrouver seul ou accompagné le chemin de vérité. Il l'a laissé passer par toutes les étapes nécessaires à son éducation pour trouver la voie qui mène à lui-même. Aujourd'hui, les Maîtres et porte-paroles arrivent par centaines, les frères et sœurs se regroupent, les cousins sont dévoilés et leurs pouvoirs s'amenuisent.

La Connaissance s'offre à tous et les vérités éclairent les ignorants. La Lumière jaillit de partout et éclabousse les schémas préétablis et celui qui commence à s'éveiller reçoit cette récompense, alors que celui qui attend sans se poser de questions ne reçoit rien.

*Comment reconnaît-on un Sage alors,*
*S'il ressemble à tout le monde ?*
*Autrefois il y en avait un par village*
*Tous savaient qui c'était et il était respecté.*

Vous avez raison, le Sage est partout d'Est en Ouest et du Nord au Sud, sur tous les continents. Il peut être homme ou femme ou même enfant. Simplement, il EST... Il a compris le sens de sa mission et ne vise aucun trône ni aucun pouvoir.

Il contribue à l'ordre universel en offrant son savoir, en diffusant son enseignement afin d'en faire profiter tout son entourage et tous ceux qui se libèrent lentement de leur poids de densité et de culpabilité. Le Sage n'a pas d'âge. Sa mémoire murmure du fonds de la Terre depuis des milliards d'années et son regard en dit long sur ses nombreux passages terrestres.

La colère n'est plus de mise pour lui et son sourire intérieur a dissipé tous les doutes. Il est humain parmi tous ses frères et sœurs et calme les esprits qu'il rencontre. Il a toujours un sourire, un mot, une phrase, une parabole à offrir à son semblable en détresse.

Le Sage est un cœur en fusion. Il utilise son propre courant énergétique, et la vibration qui lui est propre depuis sa naissance pour faire jaillir la source à tout moment. Il sait, il connaît, il a vu ; aussi s'il revient c'est pour offrir sa contribution fraternelle afin d'aider à l'évolution universelle.

Il ne connaît aucune peur et le calme divin coule dans ses veines. Quand il est mêlé à la foule un halo lumineux attire tous les regards vers lui. Il reste discret et confiant pour l'humanité qui s'éveille ; il écoute avec patience et attend. Il conserve son regard d'enfant devant son Père dans les cieux. Il sait qu'il n'est pas incarné pour apprendre, comprendre. Il diffuse la parole et apaise les âmes tourmentées sur son passage. Il sait aussi qu'il ne reviendra plus auprès de ses semblables sous l'aspect humain et qu'un autre prendra le relais.

Il déposera sur les rayons des bibliothèques du Savoir tout ce qu'il a compris et chacun pourra y puiser à tout moment quand il sera prêt.

Il perpétue les traditions orales ancestrales. Il utilise les moyens technologiques de son temps de passage terrestre et demeure actif et discret. Il ne se laisse pas impressionner par un écran limité ni par les chaînes du pouvoir. Il est libre et offre aux autres liberté et amour sans les emprisonner à nouveau.

Il œuvre en silence pour le Grand Œuvre. Les anges, les génies et toutes les entités de lumière viennent le soutenir et l'aider dans sa mission. Il est guidé en permanence depuis le premier jour de sa création, et il ne l'a pas oublié. Il a offert l'Hospitalité à tous les Sages de l'Univers à l'intérieur de lui, et à l'humanité il a offert son cœur.

Le Sage a fait son chemin comme tous les êtres humains, seulement, sa vie intérieure est plus riche et plus prolifique que celle des autres car il n'a pas gaspillé son héritage. Il a gardé depuis toujours son âme pure et transparente.

Le Sage ne cherche pas la Lumière car elle ne l'a jamais quittée. Il devra faire le chemin en sens inverse pour comprendre pourquoi ses semblables ont quitté la leur. Sa mission première sera de les aider à retrouver leurs repères pour retrouver leurs sources essentielles.

Le Sage utilise ses pouvoirs divins pour aider et propager. Il connaît l'énergie vitale et toutes ses utilisations car il a reçu la maîtrise des éléments. Il transforme tous les rayons puissants en source de chaleur constante et offre sa connaissance à tous **ceux** qui sont prêts à être initiés.

Le Sage a une vie personnelle et familiale normale. Sa vie spirituelle est puissante. Il n'est influencé par aucun groupement ni aucune étiquette afin de rester intègre, intégré à lui-même et intégral pour ses semblables.

Il reçoit, il assemble, il distribue avant de repartir et déposer en Terre son habit de peau extérieur à lui-même. Il sait qu'il est immortel à l'intérieur et ne connaît ni la peur, ni le doute, ni les regrets, ni les remords. Il a la connaissance, l'amour ineffable, la patience, la passion et la limpidité pour agir. Il est soutenu par l'aide invisible divine, car il applique toutes les lois universelles et les diffuse avec respect.

**Le Sage n'a pas d'âge cher Acteur, et si vous avez la chance d'en croiser un sur votre chemin, acceptez ce cadeau de passage comme le plus précieux car toute votre vie sera transformée.**

Vous vous éviterez beaucoup de maladresses car il vous aidera à trouver les clefs oubliées par votre mémoire et à franchir les étapes avec plus de force, de vigueur et d'ardeur. Le Sage connaît l'humour, la simplicité, la modestie et reconnaît chacun avec la même compassion avec la vision intérieure.

Si votre karma est compris et dépassé, il peut même vous faire participer à des miracles devant vos yeux étonnés et vous offrir le point neutre pour renaître libre dès cette vie, et la continuer allégée.

Quand un Sage croise un groupe, il redistribue les mérites à chacun car il lit dans les pensées et ne regarde pas l'étiquette extérieure. Il libère les âmes emprisonnées dans le mental.

Il offre des baguettes magiques au bout des doigts de tous ceux qui sont prêts à continuer à leur tour à œuvrer pour le Grand Œuvre. Il aide les autres à franchir les étapes nécessaires à leur éducation.

Le Sage lit et voit avec les yeux de l'esprit ; ses quatorze sens sont activés. Il entend de l'intérieur tout ce qui se passera dans un futur proche ou plus lointain. Il peut aider quand il est écouté des grands dirigeants de la Planète. Un Sage ne se révèle jamais comme tel ; c'est aux autres de le reconnaître et de lui accorder l'Hospitalité.

Le Sage se découvre quand un déclenchement intérieur et sincère le réclame. Il a reçu l'énergie du Sauveur multipliée depuis le Christ, et demeure en alerte et en attente. Il est toujours prêt, en avance sur le temps terrestre par rapport à ses semblables.

Celui qui a besoin et qui offre l'Hospitalité à ce Sage pour lui-même <u>et pour tous ses frères et sœurs à la fois,</u> sans tri ni distinction, recevra le message de sa visite et le rencontrera, car la pensée pure et désintéressée va plus vite que la lumière et dépasse toutes les forces énergétiques.

Le Sage peut apporter beaucoup si la confiance lui est accordée, et rien en contrepartie si la curiosité malsaine est au rendez-vous, car il est un porte-parole et transmetteur de l'Ordre Divin et toutes ses antennes sont en alerte depuis toujours. Rien ne lui échappe.

Tous les messagers de l'histoire de l'humanité ont été incompris et supprimés dans leur temps par crainte ou par superstition.

En ces temps d'avancement de paix généralisée, à votre tour, cher Acteur, vous devez soutenir les Sages sincères et authentiques et les aider de votre confiance et de votre amour. Ainsi, vous aussi vous contribuerez au Grand Œuvre permettant à la vie de retrouver son sens et à la joie de circuler plus vite dans vos cellules.

Sans joie la vie est fade comme un plat sans sel et le sel est la vie. Alors soyez unis à vos frères et sœurs par l'UNI VER SEL en acceptant de mélanger vos cultures. La cuisine et la musique ont déjà ouvert la porte et votre intelligence fera le reste si votre ignorance est abandonnée définitivement.

Pour réussir Acteur, le Sage est modeste et ne se met pas sur un trône pour qu'on l'écoute. Il se mêle aux autres et joue avec toutes les circonstances de la vie ordinaire. Son but est de libérer les autres et de les réveiller pour leur enseigner le sens du sacré. Il voit ce qui est invisible et sait que son semblable est imprévisible. Il a l'œil rapide du photographe et conserve le sens de l'humour en toutes circonstances.

Le Sage a l'aspect humain et se confond dans la foule, il sait avec certitude qu'il est immortel et hors du temps. Il contribue au passage universel en redistribuant l'énergie subtile des forces qu'il a acquises après les avoir transmutées en lui, pour les offrir en partage à tous par le canal fraternel et universel. Il connaît la puissance et la valeur de ces forces.

Il côtoie peu d'amis car il connaît les faux-amis et les cousins du passé. Il a en mémoire tous les massacres perpétrés par certains dans l'histoire de l'humanité. Ils ont laissé des traces indélébiles de leur passage terrestre et ont manipulé les masses qui sont devenues ensuite des victimes.

Regardez Acteur sur le côté droit, tout le deuxième balcon de ce théâtre retrace cette manipulation et vous avez été de ceux-là ; il y a des femmes, des enfants, des hommes de toutes races, de toutes cultures et de tous âges à des époques différentes. Et pourtant il y a eu des essais de sagesse en vous !

*Oh ! je vois en effet. C'est affreux et si triste*
*De savoir que j'ai participé à tout ça !*
*J'ai bien entendu ce que tu m'as enseigné*

*Sur le Sage. J'aimerais en savoir plus*
*Et retrouver cette partie de Moi oubliée !*

Les cousins ont réussi à maîtriser les éléments terrestres que la Terre nourricière a offerts à tous ses enfants avec le même amour, car une mère ne choisit pas parmi ses enfants ; elle les accepte tous et ne juge pas leur état d'âme.

Elle a accepté le libre arbitre et a laissé les fausses croyances et les fausses superstitions agir sur son sol d'asile. De temps en temps, quand il y a trop d'abus, elle rétablit l'ordre en déclenchant la force des éléments pour *nettoyer.*

Elle participe ainsi au rétablissement sur Terre de l'ordre divin et universel et tous les malheureux égarés deviennent des victimes du sort, en ayant choisi une vie courte.

Sachez Acteur, que rien ne peut être au-dessus des **Lois** Universelles et quand vous aurez compris la première que je vous enseigne (la loi de d'hospitalité), la sagesse reviendra systématiquement en vous. Cette cellule divine animée qui vous habite ne vous a jamais quitté et si vous l'invitez à venir vivre en vous à chaque instant, la lumière reviendra.

Vous n'avez aucune difficulté à la retrouver en prenant confiance en vous, en croyant à ce qu'il y a de meilleur à l'intérieur de votre cœur, et en retrouvant votre autonomie face à votre enveloppe charnelle qui n'est qu'une petite partie de vous et qui a un temps limité contenu dans votre sablier, (rappelez-vous Acteur, que je suis entraînée avec vous, ainsi que toute votre communauté qui vous accompagne). Il est urgent pour vous de bien utiliser ce temps car il s'écoule vite ; et sachez qu'il n'est jamais trop tard pour vous unir à vous-même.

Regardez Acteur, faites un tour sur vous-même ici, et vous comprendrez qu'ils vous aiment tous, qui que vous ayez été, et que toute cette communauté ne demande pas mieux que de réintégrer votre être intérieur dans l'union et le bien-être. Il faut aussi comprendre les mécanismes humains et leur lenteur, pour s'adapter à vivre l'état de paix, pour abandonner le pouvoir et la domination.

Les Sages ne sont pas compris dans leur temps car ils dérangent. Leur but est d'aider les âmes à se libérer des prisons mentales (sans barreaux). Ils combattent pour vous, avec l'aide des forces divines, en des lieux invisibles sur le plan terrestre, les forces de l'ombre qui nuisent à tous les êtres anéantis par leur faiblesse. Tout ce qui est pensé est possible et toutes les pensées que vous émettez se dispersent dans l'unité du cosmos. Les vibrations vous reviennent ensuite, et si vos pensées sont basses, vous recevrez les énergies destructrices car vous serez atteint par le bas astral.

L'autodestruction vous guettera et votre prochain asile sera un grand trou noir dont vous aurez du mal à sortir. Votre âme peut utiliser à sa convenance le libre-arbitre, tout en se condamnant elle-même, si elle ne choisit pas l'innocence et la limpidité.

Vous avez tous aujourd'hui le droit de savoir ce qui se passe **après,** car la vérité est dans la lumière et cette clarté dépasse l'entendement humain.

Un jour prochain, quand l'ignorance n'existera plus, vous verrez se rétablir l'ordre divin, et chacun d'entre vous comprendra sa part de contribution active pour lui permettre de retrouver ses propres libertés intérieures tout en respectant la vie collective. Si vous vivez l'ordre et la paix intérieure, vous l'appliquerez à l'extérieur de vous-même et vous ferez s'évanouir les abus et les enchaînements massifs liés aux peurs multiples.

Vos Sages, vos Maîtres ont laissé des traces dans l'histoire de l'humanité en s'incarnant, tout en continuant, pour une grande part dans l'invisible, dans la multiplicité et dans la mémoire du temps éternel à diffuser toujours les mêmes messages d'Amour, de Liberté et *de* Paix pour tous.

Acteur, vous vivez une incarnation fabuleuse à l'aube de ce troisième millénaire et vous verrez beaucoup de Sages de tous les horizons sortir de l'ombre, car le temps est venu de les rassembler et de les unir pour que soit facilitée la levée massive du voile qui avait été déposé sur votre inconscient collectif par « tous les cousins ».

L'énergie du deux activée des zéros, soit le centre de vous-même, va réveiller des nouvelles forces universelles d'influence positives. Elle va distribuer généreusement et massivement des ouvertures de conscience. Elle va vous aider à vous reconstruire au centre de votre propre centrale pour mieux vous définir et vous comprendre.

N'oublier pas Acteur, RIEN ne peut se passer sans vous et votre accord. Il est du devoir des Sages de s'exprimer et de franchir le pas vers la voie collective du cœur afin d'être des transmetteurs, et d'aider leurs congénères, même s'ils ne sont pas encore totalement compris *et* acceptés de leur entourage.

La mondialisation passe avant son propre pays et, cher Acteur, quand vous vous reconnaîtrez dans cette description, rétablissez d'urgence l'Hospitalité dans votre cœur et agissez. L'an deux est favorable pour cette union avec soi-même et l'extension du cycle de deux cent mille ans attendus va s'étendre à tout l'Univers.

Personne n'est seul et n'agit seul ; chacun reçoit et subit l'énergie d'un ou plusieurs égrégores de force ainsi que l'aide et la contribution de toutes les entités correspondantes. Il est grand temps de rétablir certaines logiques enfermées par tous les dogmes de toutes les obédiences confondues.

La spiritualité a plusieurs facettes et elle correspond à la richesse intérieure et personnelle de chaque être animé par le cadeau de la vie. L'âme de chacun peut se mettre au service du groupe auquel elle croit, et non se soumettre sans conviction pour vivre dans la crainte. S'il y a soumission, ce cadeau se transforme en poison et en prison.

Cher Acteur, vous savez qu'il n'y a pas de poison sans contre poison et l'esprit est libre de penser et d'agir même si le corps qui l'abrite est soumis à certaines rigueurs. L'Amour est une énergie très pure qui circule dans tous les corps saints et peut transporter l'individu au-delà du réel et du pensable, sans discontinuité, **si la foi a dissipé le doute ravageur.**

Ce sont les peurs qu'il faut enfermer car leur temps est dépassé et complètement périmé pour l'individu informé et libre. Il faut du temps pour croire et connaître la passion, et le simple fait d'être informé que cela existe apporte la clarté.

Il appartient à chacun d'entre vous de prendre le temps intérieur pour croire, accepter, comprendre, apprendre à vous nourrir de ce changement qui se fera avec ou sans vous.

La vie est bien antérieure aux religions. L'écrit, les péchés et les punitions divines, ont été totalement inventés par les cousins, au fil du temps, et sont devenus de fausses croyances qu'un mauvais colportage les a rendues réelles et existantes.

Ces fausses croyances ont été ensuite reprises par les écrits qui les ont utilisées pour établir de nouvelles lois et changer le sens des propos des messagers. Ces écrits ont occulté une importante partie des paroles divines pour établir la confusion et soumettre les masses incultes qui n'avaient pas d'autre réflexion que l'écoute des « sages » dans les temples, les seuls lieux de rassemblements.

Sachez Acteur, que tous les êtres humains de la Planète réunis, n'ont aucune force, face à celle du Cosmos. Il est donc inutile de lever le glaive. Tout est invisible pour les incroyants et le mal n'existe que s'il est évoqué par vous-même. Ailleurs dans l'univers, toutes vos maladresses sont acceptées car inhérentes à votre mutation progressive. Les êtres y sont évolués et j'espère qu'un jour vous m'y accompagnerez cher Acteur.

La loi de l'Hospitalité est déjà acquise dans toute la galaxie et vous pouvez entreprendre les plus beaux voyages par votre esprit pour nous rejoindre.

**Ce qui a été offert avec *AMOUR* depuis la galaxie vers la terre ne peut pas être négocié ou revendu à l'homme par l'homme, et ce voyage vous a bien été offert pour agrémenter votre séjour, n'est-ce-pas ?**

# ACTE II

## Union avec l'Intérieur par le Pardon.

*Je comprends petite voix*
*Remplie de sagesse,*
*Et je me sens bien coupable*
*De tant d'ignorance !*

Oh Acteur, la culpabilité est bien inutile et je vais vous raconter une histoire spécialement élaborée pour vous pour que vous méditiez sur la fausse culpabilité bien terrestre et humaine.

Parabole I

Un automobiliste inattentif et toujours pressé prend des risques depuis longtemps et ne s'arrête jamais au feu orange qui dure quelques secondes seulement. Au contraire il préfère accélérer, au risque de bloquer les carrefours ; il est heureux, isolé dans « sa boîte », la radio mise à fond ; il a gagné trois secondes sur son itinéraire et ne pense qu'à lui.

D'un autre côté, un piéton toujours en retard, ne regarde pas les feux tricolores, seulement les voitures. il mesure leur vitesse intuitivement. Puis sans courir il traverse, se disant qu'il est prioritaire et compte sur le réflexe des automobilistes pour freiner à temps. *Il est sûr d'être dans son bon droit.*

Il prend ainsi des risques en jouant avec sa vie et son corps. Il se permet même d'insulter au passage les automobilistes qui le frôlent. Au lieu d'en prendre acte et d'être plus prudent, il n'écoute pas sa conscience intérieure.

Un jour, une inévitable rencontre rapprocha ces deux-là : l'automobiliste accéléra au feu orange comme d'habitude et le piéton traversa certain de son bon droit sans réfléchir. H rebondit sur le capot de la voiture avant d'atterrir plus loin priver de connaissance et même de vie.

Le chauffeur de la voiture suivante, affolé, qui habituellement passait lui aussi à l'orange, traita l'autre automobiliste de fou. La vie du jeune homme qui s'était arrêtée amena les témoins et l'auteur de l'accident à donner un autre sens au mot « priorité ». Il y eut beaucoup de temps perdu en auditions.

Un avocat dévoué et bien rémunéré fit du chauffard une victime et plaida l'innocence pour son client. Celui-ci « blanc » à l'extérieur était intérieurement rongé par les remords et pleurait toutes les nuits sans réellement comprendre. A aucun moment il ne se pardonna vraiment, et finit par accepter l'idée qu'il était réellement victime du sort et il se dit que sa bonne étoile l'avait oublié ce jour-là.

Cette histoire date de plusieurs années. Aujourd'hui ils sont tous du même côté, unis dans la mort terrestre et remplis d'amour l'un pour l'autre car chacun a compris son rôle. *Aucun n'en était conscient de son vivant.*

*Explique toi petite voix.*
*Que s'est-il passé ?*
*Je ne comprends pas bien*
*Le sens de ton histoire !*

L'automobiliste avait une bonne assurance extérieure et peu de moralité à l'intérieur. Il accepta la sentence et fut privé de sa voiture pendant un an, (ce qui ne l'empêcha pas d'en louer une pour ses déplacements).

Il paya simplement une amende de dédommagements car il n'était pas alcoolique et ne fut reconnu que partiellement responsable. Il continua sa longue vie en acceptant son rôle de victime tout en préférant changer de ville pour s'éloigner du lieu du drame. Il ne supportait pas de repasser par ce funeste carrefour car il vivait mal sa culpabilité intérieure sans se l'expliquer pour autant.

Ailleurs il opta pour une nouvelle conduite, s'arrêtant au feu orange malgré l'impatience des chauffeurs qui le suivaient ; car dans sa conscience il entendait : « il était jeune et avait la vie devant lui ! ... » Les parents du jeune-homme aveuglés par la douleur et le désir de vengeance réclamèrent jusqu'à la fin de leur vie terrestre, la justice divine sans jamais pardonner.

Le jeune-homme a appris en nous rejoignant qu'il avait choisi une vie courte pour continuer d'apprendre et comprendre la vigilance.

Ainsi Acteur, les feux de circulation sont tricolores pour vous rappeler les trinités ; il y a un temps très court où l'attente est pour tous à la fois et il y a un milieu. Si l'attente a la couleur orange pour le piéton comme pour l'automobiliste, il y a aussi la voie du milieu celle du cœur qui décide et qui permet la réflexion.

**Quand vous remplacerez vos dualités par des trinités et que vous les respecterez, vous ne serez plus rongé par le doute ni les regrets.**

*Je comprends petite voix,*
*Dans cette histoire quel était mon rôle ?*
*Toutes les auteures et tous les auteurs*
*de cette histoire*
*Sont responsables et « coupables »*
*A l'extérieur et à l'intérieur d'eux-mêmes !*

C'est vrai, chacun devait respecter ce moment de réflexion de quelques secondes pour réfléchir avant d'agir.

Chacun devait oublier son urgence personnelle et utiliser avec justesse son véhicule intérieur et son véhicule de transport extérieur, car la vie mérite d'être protégée et respectée.

En cas d'accident il faut toujours se poser les bonnes questions sur sa culpabilité et sa responsabilité. Rien n'est hasard et tout vous revient entre action et réaction jusqu'à obtenir à l'intérieur de vous la sagesse qui limitera vos risques.

*Tu veux dire petite voix,*
*Que la culpabilité est liée à la pensée*
*Et n'a pas de lien avec une réalité coupable ?*

Acteur pour répondre à votre question et vous faire comprendre les mécanismes de la culpabilité, je vais vous raconter une autre histoire très réelle.

### Parabole II

Il était une fois un honnête paysan, homme bon, pur et simple qui vivait dans un village. Il était modeste et sa condition ne lui avait pas permis d'apprendre ni à lire ni à écrire. Il vivait paisiblement avec sa femme et ses deux enfants dans une petite ferme. Il travaillait dur et sans relâche.

Même le dimanche il s'occupait de ses animaux avec beaucoup d'attention et ne trouvait pas le temps d'aller à la messe pour y côtoyer ses voisins, ni de cancaner sur eux. Il se disait qu'il ne devait pas gaspiller un temps précieux. Il préférerait respecter le travail des champs en fonction des saisons. Il se disait que bien soigner ses animaux était aussi important et valable, que d'aller prier Dieu à l'extérieur.

Il n'aimait pas l'hypocrisie des gens du village qui se permettaient de le juger et même de le condamner par son absence.

*Un* soir son épouse rentra en larmes car en faisant ses courses elle venait de surprendre de la part de certains commerçants une conversation méchante sur son pauvre mari, lui qui faisait de son mieux pour être présent auprès d'elle et de leurs fils !

Quand son mari lui demanda pourquoi elle était triste, elle lui raconta qu'au village, certaines personnes se permettaient de les critiquer injustement pour leurs absences régulières à la messe.

« Laisse faire, lui dit le brave homme ; je ne connais pas leur Dieu et si c'est le même pour tous, j'espère qu'il pense à fermer ses oreilles sur leurs bêtises. Ils sont jaloux car ils ne savent rien sur nous, alors ils inventent des histoires ».

Quelques mois plus tard, en plein hiver, notre brave paysan tomba malade et sans s'écouter il continua son travail. Et un jour, où il était affaibli et presque mourant, c'est la jument qui le tira jusqu'à la ferme.

Le médecin dit à sa femme que vu son état il ne passerait pas la nuit et qu'il serait souhaitable de faire venir un prêtre pour lui permettre de confesser ses péchés qui étaient certainement horribles puisqu'au village on le disait même habité par le démon ! L'épouse en colère nia avec force toutes ces sornettes et renvoya le médecin sans courtoisie.

Puis affolée, elle courut à toutes jambes à l'église, insensible au froid qui gelait les larmes sur ses joues. C'est digne et calme qu'elle fît son entrée dans l'église pleine de villageois.

Elle se dirigea vers l'autel sans se préoccuper des bavardages qu'elle entendait sur son passage. Elle s'agenouilla et dit simplement et suffisamment haut pour que ses paroles soient entendues de tous.

De quel droit tous ces gens me jugent-ils et me condamnent-ils ? parce que je n'ai pas trouvé juste et utile de venir ici régulièrement ? La foi se trouve-t-elle ici seulement ? Et nos actes alors ? Pourquoi le Christ est-il mort si ses messages sont tronqués et bafoués ? »

Puis se tournant pour faire face à ses semblables, elle leur dit : « Je ne connais aucune prière, je crois en Dieu, Celui qui est bon et juste pour tous. Je l'ai accueilli dans mon cœur car je lui ai depuis toujours offert l'Hospitalité dans mon être. Je sais qu'il va nous soutenir et guérir mon brave époux.

Nous sommes très pauvres et celui qui est encore plus pauvre et qui a faim peut venir manger à notre table, il aura un lit pour passer la nuit. Nous avons toujours accueilli le voyageur qui s'est présenté.

Qui peut ici prétendre avoir appliqué la loi de l'Hospitalité avec l'humilité dont parle le Seigneur ?

J'ai entendu trop de calomnies dans mon dos, et rien ne m'a été dit en face ; alors si quelqu'un a une vérité à dire qu'il le fasse ou sinon qu'il se taise.

Ce n'est pas en venant ici dans la maison de Dieu qu'on lave sa conscience, c'est seulement en étant toujours sincère avec soi-même, dans ses actes de tous les instants. S'il vous faut un bouc-émissaire choisissez l'un d'entre vous car mon mari est un saint homme et le meilleur des êtres humains et, lui, ne condamne personne.

Il connaît la miséricorde, Celui qui juge sans savoir se condamne lui-même et j'espère que c'est écrit dans vos livres de prières car je ne sais pas lire et je sais que ma conscience ne me trompe pas. »

Un silence et un sentiment de honte collective envahit toute l'église. Un homme âgé s'avança vers elle et dit :

« Chère enfant, il y a dix ans j'ai dîné une fois à votre table et dormi dans votre lit quand ma voiture est tombée en panne. Je n'oublierai jamais votre gentillesse à tous les deux et le sourire de vos enfants, plein de bonté et de sincérité.

Non, je n'ai rien oublié de ce soir-là et si je suis de nouveau de passage ce soir, ce n'est pas non plus un hasard, car je voulais justement remonter à votre petite ferme pour vous rendre visite.

C'est Dieu lui-même ou notre Seigneur Jésus-Christ qui m'a guidé ici pour m'arrêter dans cette église, et au moment où j'ai entendu parler votre cœur, vous avez réchauffé le mien. C'est chez vous, dans ce village que j'ai compris l'amour de mon prochain et la vraie foi.

Depuis dix ans je vis en Amérique où j'ai bien réussi dans les affaires et comme je n'ai pas eu d'enfants ni d'héritiers, je me suis rappelé le bonheur qui émanait du visage de vos deux fils, et je venais vous léguer ma fortune. Je sais que cet argent sera remis entre de bonnes mains.

Venez mon enfant, vous avez assez perdu de temps, allions ensemble soigner votre époux et l'aider à se rétablir avec la grâce de Notre seigneur ».

Comme les miracles existent, tous les villageois qui étaient restés dans cette église, entonnèrent un même chœur, un sublime cantique et chacun vint embrasser chaleureusement la bonne fermière qu'ils venaient juste de découvrir. Chacun implora son pardon et lui offrit aide soutien et cadeaux.

Le fermier se rétablit, et ne pouvant plus travailler aussi dur, il pensait à l'avenir de ses enfants. Il fit construire une auberge à la place de la ferme.

Le tourisme s'étant bien développé dans la région, depuis la réputation de la brave fermière, son auberge permit au village de devenir plus prospère et à toutes les commerçantes et tous les commerçants de fructifier.

L'histoire raconte aussi que tous les soirs dans chaque foyer une assiette et un couvert sont mis sur la table pour celui qui veut s'asseoir et partager l'Hospitalité.

Depuis ce fameux jour la générosité circule bien dans ce village où l'auberge et les commerçants ont embauché les pauvres des villages voisins. Chacun a accepté de prendre sa part de culpabilité et de responsabilité.

La culpabilité a laissé place au pardon et un de ses deux fils devenu maire du village fut estimé de tous. Il fit construire des routes, une école gratuite pour enfants et adultes, un hôpital où tous les gens de condition modeste peuvent se faire soigner grâce aux dons déposés dans l'église qui arrivent de partout.

Ce soir-là une légende est née. On dit que « *le Christ* » lui-même était venu en visite dans cette église. Tous les habitants des alentours prirent l'habitude de s'y rendre en pèlerinage et le maire offrait à ces concitoyens pleins de foi, discours et repas.

L'ignorance a apporté à cette région une vraie fraternité et il y a aujourd'hui sur la place du village une statue élevée à la mémoire de la paysanne et de sa franchise. Sur la plaque on peut lire :

« Ici repose la mémoire d'une sainte femme qui a contribué à rétablir la loi de l'Hospitalité oubliée. »

*C'est une bien belle histoire*
*Qui donne à réfléchir sur la fraternité et l'amitié !*
*Et je comprends à présent que la culpabilité*
*N'est pas un sentiment juste*
*Et qu'il n'existe que par la lâcheté de Soi.*

La fraternité et l'amitié sont en effet de magnifiques sentiments.

L'amitié véritable a un sens car il s'agit d'une réelle histoire d'amour entre personnes. Elle s'offre ou se refuse et ne se mendie pas et ne se négocie pas. Elle se traduit à la fois par un acte de générosité et par une pensée sincère qui appartient aussi à l'Hospitalité.

L'amitié est un réel contrat d'échange. Il est constamment renouvelé dans son contenu et non dans le don, car il se nourrit de la qualité des rapports, de leur intensité intérieure qui se manifeste à l'extérieur par une union tellement forte et lumineuse, qu'elle en devient fraternelle.

Attention, une amitié rapidement offerte peut-être une fausse amitié sans échange valable et devenir une souricière où la faiblesse de l'un ou de l'autre est prise en otage.

L'ami-prisonnier est conduit sur des chemins de traverse car il a manqué de discernement au départ. Soyez conscient que vous attirez une personne pour être mis sur la voie de ce que vous êtes venu chercher ou corriger.

Cher Acteur, vivez pleinement l'amitié le reste de votre vie dans un amour sincère, dans le partage et le don. Ne soyez pas avare, communiquez. Tout se partage et s'offre.

Avant de vous réunir avec un ami, n'oubliez pas de bien vous unir à vous-même pour recentrer vos énergies selon l'ordre des valeurs et des lois divines qui viennent du départ de votre création.

Seul vous n'êtes qu'une partie. Ensemble, uni avec vous et tous les occupants de ce théâtre, vous êtes une partie du Grand Tout, intégrée à Son Mouvement Perpétuel, constant et bien réel.

Quand vous n'avez pas d'amis à l'extérieur de vous pour partager, c'est que vous manquez de confiance. Quand le calme intérieur reviendra avec la joie et la paix, tout votre extérieur se transformera et vous attirerez de nouveaux amis plus sincères qui vous ressembleront ; car vous attirerez ce que vous êtes à ce moment-là.

Le mental vous bloque et vous entraîne dans des tourbillons, et votre être profond est difficile à retrouver. Le chemin le plus simple est souvent le plus long A trouver quand on ne s'unit pas à sa conscience supérieure qui, elle, n'est jamais en disharmonie

La vie est une suite de journées qui vous permettent de corriger en conscience vos actes manqués et vos maladresses pour ne pas les répéter et les transformer en véritables erreurs. Des rencontres se créent tous les jours, et l'amitié sincère est rare et doit être protégée avec intégrité.

Certains hommes font des lois, d'autres essayent de les appliquer et d'autres mettent leur génie à contribution pour les contourner. L'argent a remplacé vos valeurs morales et sert à acheter de fausses conduites et de faux passeports, pourtant l'âme ne connaît pas l'argent.

Elle connaît l'échange, le troc et la loi de l'Hospitalité. Autrefois on échangeait une poignée de sel en mémoire de l'origine, et l'Hospitalité était accordée avec respect et sincérité. L'hôte accueilli ne craignait rien et se sentait en sécurité.

Chaque vie est unique et personne ne peut décider pour l'autre ni être juge et partie. Chacun doit trouver sa route éclairée, sa vérité, et s'approcher de la vérité universelle qui elle aussi est unique. La Vérité Universelle est composée d'amour, d'amitié, de compassion de pardon, de miséricorde, et de libertés car sans liberté il n'y a pas de vérité.

Dieu a créé l'Homme à son image et pour être digne de cette image, il faut accepter sa propre liberté ainsi que celles des autres dans un esprit universel.

*Alors nous devons découvrir notre Individualité*
*Avant de penser à nous unir avec les autres ?*

Oui Acteur, l'individualité passe aussi par la loi divine de l'Hospitalité, sinon l'individu ne trouve pas de sens à sa route. Avant il n'y avait que des artisans qui confectionnaient avec amour le bon pain comme le faisaient les femmes au moyen-âge dans les fours collectifs des villages.

Aujourd'hui l'industrie a remplacé toute cette fabrication manuelle et naturelle et le pain n'a plus le même goût et n'offre plus la joie d'être partagé avec la même convivialité. L'Homme s'est éloigné de la qualité pour une nécessité illusoire.

Il en est de même pour la vie intérieure, l'Homme s'en est éloigné pour mieux offrir à l'extérieur ses services ; et le soir, vidé de toute énergie par trop de travail, il allonge son corps vide de toute pensée.

Autrefois le paysan respectait sa Terre. Il s'harmonisait avec les lunaisons et savait mettre un temps ses champs au repos. Il travaillait dur, et arrivait à participer aux veillées, aux fêtes avec sa famille et son entourage. Aujourd'hui il allume son poste TV et ajoute à la fatigue du travail l'abrutissement (et l'abêtissement) des programmes. Il a l'illusion de mettre son esprit au repos et ne communique plus avec sa famille ou son entourage malgré un travail moins dur et moins contraignant grâce à l'aide des machines.

Autrefois la vie n'était pas facile et même s'il y avait un déséquilibre entre la position de l'homme et celle de la femme, chacun respectait sa place et les enfants étaient surveillés et éduqués, et ils respectaient leurs aînés.

Aujourd'hui la vie est bien facilitée par le progrès visible en tout, et pourtant chacun vit pour soi, en égoïste. L'unité n'existe plus dans les villages et encore moins dans les villes. Personne ne connaît personne dans son immeuble, sauf les copropriétaires car ils ont en commun un intérêt économique, et la séparation règne entre des personnes voisines qui ne se disent même plus bonjour quand ils se croisent...

Comment parler d'entraide alors qu'il n'y a aucune sorte d'échange ? Et comment expliquer l'Hospitalité alors qu'elle commence par le dialogue avec les autres ?

Les dernières générations qui vivent dans les grandes villes se voient isolées et les jeunes se révoltent dans leurs ghettos. Ils en veulent à leurs parents d'avoir accepté l'enfermement, sans se l'expliquer pour autant. Ils commettent des maladresses et font du désordre pour se faire remarquer. Ils souffrent en eux-mêmes de leur isolement, « privés de leur centre », ils ne croient plus en rien. Hors de chez eux, ils se regroupent entre eux pour crier leur désarroi ; ils terrorisent leur entourage et pratiquent l'autodestruction.

Se sentant à la fois coupables et incompris ils deviennent agressifs et ont peur d'eux-mêmes. Ils ne se connaissent pas et ne s'aiment pas. Ils savent qu'ils ne sont soutenus ni par leur famille ni par l'extérieur en général qui les rejette. Incompris et condamnés (ou condamnés parce qu'incompris) ils ne voient pas d'avenir pour eux dans cette société.

La société est en mutation constante et les différences existent. Le mélange des cultures prend du temps à se mettre en place. Elle est déjà acceptée dans vos assiettes et vos musiques, il finira petit à petit par s'installer dans vos esprits et se banalisera.

La destruction extérieure est le miroir de l'autodestruction intérieure, car tout ce qui se passe dehors se vit au plus profond de l'être. Personne n'y est indifférent et la peur est un réel fléau, la peur de vivre, la peur de mourir et même la peur d'être, jusqu'à la vivre.

Chacun a choisi de venir et personne n'est inutile. Aucun parent n'est responsable des aînés ; ils doivent accompagner leurs enfants et leur offrir une éducation digne aux libertés et leur expliquer tous les rôles d'apprentissages. Chacun doit savoir se prendre en charge. Pour bien vivre positivement et objectivement, cher Acteur, vous devez modifier votre comportement, votre langage, vos attitudes et avoir du respect pour l'intérieur comme pour l'extérieur de vous.

La culpabilité doit être remplacée par la responsabilité et chacun d'entre vous doit travailler sur ses peurs et se faire aider au lieu de les laisser exploser dans la violence et la haine de la vie. La vie est un cadeau et celui qui ne l'aime pas se trompe, s'il ne comprend pas son parcours. Il n'aime rien car il manque de tout et se prive de l'essentiel.

Il n'a surtout rien compris au sens de sa venue sur Terre et de la loi de l'Hospitalité. Il devrait s'occuper de l'avenir de son âme au lieu de s'appesantir sur son corps vide et son esprit ruiné. Il doit tout reconstruire et prend du retard. Il se fait du mal à lui-même bien plus qu'à l'extérieur qui oubliera très vite son passage terrestre.

Le troisième millénaire demande à chacun plus d'autonomie et de prise de responsabilités. Celui qui restera dans l'attachement, la dépendance et la soumission souffrira. Les minorités qui retrouvent la liberté seront à l'honneur et ceux qui l'ont déjà progresseront davantage.

Aussi sachez Acteur, avant d'en vouloir aux autres et à l'extérieur en général, qu'il est nécessaire de pratiquer une introspection pour savoir pourquoi vous avez laissé faire et pourquoi vous vivez tel drame ou telle situation. Il est nécessaire de s'interroger sur son parcours déjà vécu et d'avoir des projets d'avenir.

C'est aussi cela l'Hospitalité : **laisser sa porte Intérieure ouverte en permanence,** inviter celui qui veut entrer et lui accorder une écoute, du temps, de la compassion, de la compréhension, enfin l'aider comme on peut pour ne pas être surpris par l'indifférence.

Chacun devrait penser à mettre sur la table un couvert supplémentaire. Même si l'invité n'est pas encore là, il viendra et enrichira votre savoir ; et votre maison s'illuminera. Ce repas non utilisé pourra être déposé pour le pauvre, dehors. On pourra aussi, symboliquement mettre dans l'assiette une pièce de monnaie que l'on déposera le lendemain, <u>discrètement</u> dans la main du plus démuni que l'on rencontrera. (L'acte de générosité doit rester humble et discret).

Cet acte répété aidera vos enfants et votre famille à comprendre les inégalités et contribuera à changer les choses. Car si chaque famille offre un repas, une pièce, cela aidera un voisin à se reconstituer, à retrouver la force de réfléchir pour demain, à se reprendre en charge. Quand on a le ventre vide on ne peut pas penser !

L'effort, la découverte entraîneront les changements et les mentalités se transformeront. La vraie pauvreté c'est d'avoir un cœur sec. On peut avoir de l'argent et respecter ce qu'il représente (car il procure la sécurité), et celui qui en a doit offrir au pauvre, pour participer aux inégalités, l'inviter et lui ouvrir son cœur. Et le pauvre lui, doit aussi ouvrir son cœur et accepter sa situation sans rancune. Il peut proposer en échange ses services plutôt que de rester dans une mendicité permanente. Il doit en effet retrouver sa dignité et le respect de lui-même pour sauver son âme de la déchéance.

Il est important cher Acteur, de bien se connaître de l'intérieur avant de s'unir à l'extérieur dans l'union libre ou le mariage. Si vous êtes à l'intérieur de vous uni et complet, vous accompagnerez votre future épouse dans des liens sûrs et heureux, et vous ne connaîtrez pas le sacrifice, les préjugés ni une relation basée sur l'intérêt.

Vos enfants n'auront pas à souffrir de vos dépassements ou débordements ni à se sentir victimes d'être pris en otages. Si leur enfance est emprisonnée dans l'échec de la relation des parents, ils auront des difficultés à se construire, à avoir confiance en eux, à devenir adultes et à vivre dans la plénitude. Ils risquent fort de perpétuer les schémas erronés de leurs parents.

Il est donc impératif Acteur, avant de vous engager, que vous soyez complet et autonome. Il faut vous découvrir pour bien vous connaître et vous donner les moyens de réussir une vie accomplie et heureuse. Le bonheur se mérite et s'apprend par étapes.

*Tu as bien raison petite voix*
*Que j'entends du fond de ma conscience.*
*Il faut suivre ses sentiments alors ?*

Attention de bien utiliser le mot juste car le sentiment est rempli de souffle, d'air et de puissance. Le sentiment est le langage du cœur et il ne vous trompe pas.

Il est sincère, amour et vérité. La parole n'est là que pour l'exprimer. Le mot est pauvre et n'exprime qu'une partie du sentiment, et l'écrit n'est qu'un soutien.

L'amitié reste un secret. Elle est attirée par des ondes énergétiques profondes, qui rapprochent à un moment où le besoin s'en fait sentir, les sensibilités et les sentiments. Le sentiment d 'amour n'est pas lié à la durée car l'homme n'est fait que pour aimer, vivre l'état d'amour, recevoir et distribuer de l'amour. L'union ne devrait avoir que ce sens.

L'amour utilise un canal énergétique pur et puissant car il vient de l'Eternel et retourne à Lui en passant par tous vos semblables, à l'instant présent aussi bien que dans le passé, et pour l'avenir.

Comme le tourbillon de la vie sur Terre est éternel, votre âme se souvient de ces moments d'émotion intense où l'Union eut lieu. L'Amour retrouvé dans l'alliance divine apporte plus que chaleur et bonheur. Il ramène à la paix sous toutes ses formes et à la clarté du sentiment d'aimer et d'être aimé dans le partage véritable. Il faut simplement vous souvenir de votre origine divine, de l'essence de votre arrivée originelle pour retrouver le premier sens et le pourquoi de votre présence.

Sinon la vie n'est pas fondée. Tout prend son sens quand le sentiment est là et s'exprime. Le cœur sait tout faire et détient tous les secrets de votre humanité qui en se confondant apportent une force énergétique puissante et bouleversante.

Le cœur ne connaît pas le mental et ne se soumet à aucune loi terrestre imposée par les idées ; il est pur et lumière. Il n'est même pas soumis à l'âge car il est libre de circuler.

Le cœur n'apprend pas l'amour Acteur, car le cœur est Amour. Celui qui en a été privé depuis sa naissance doit le chercher plus loin dans sa mémoire pour retrouver ses racines. Aucun être n'est vraiment ignorant de l'amour ; ses gestes peuvent être gauches, ses paroles maladroites. Il doit se rappeler d'où il vient et s'unir à son âme pour retrouver sa mémoire cellulaire qui le ramènera à son émotion profonde.

En retrouvant le sens de sa vérité intérieure et le sentiment intégral que tout être animé possède, il saura aimer ici, maintenant et tout le temps *et* il aura tout car tout passe par cette voie. Celui qui ne la retrouve pas n'a rien et vit dans l'illusion. Il passe son temps dans une bulle créée par son mental inférieur, dans l'éphémère et le superficiel.

Tout être animé doit se rappeler sa création et rechercher son âme avec ses instincts et ses convictions car le secret est là. Vous n'êtes que des enfants créés par l'Eternel,

Votre Père céleste et vos parents terrestres ont accompli le miracle de la vie en la perpétuant avec son accord et son aide. Lui vous insuffle le Verbe et le Souffle et vous offre tout ce dont vous avez besoin ici sur Terre et en même temps partout à l'instant lumière sur tous les plans de conscience par réflexion.

Sachez cher Acteur que pendant que vous êtes sur cette scène, maintenant en cette fraction de seconde, vous êtes partout en même temps dans l'Univers et que vous possédez un pouvoir réflecteur inconscient et très puissant.

Votre mental vous occasionne une barrière en conscience, vous êtes toujours uni à vous-même dans les hauteurs de votre esprit, et la loi de l'Hospitalité peut vous aider à vous reconstituer avant de chercher à aller plus loin car rien ne peut se passer sans vous et sans votre accord. La Conscience a ses règles et l'Hospitalité en est une.

La mort n'existe pas car votre ADN est relié au logos de l'univers et vos étapes de vies successives s'appellent des MUTATIONS. La vie se déroule en même temps sur plusieurs plans astraux comme s'il y avait plusieurs couches superposées et que vos corps (physique, mental et causal) vivaient séparés et reliés à la fois.

L'être humain se dédouble régulièrement dans ses rêves et en auscultant sa mémoire, il retrouve des formes pensées. Il croit les inventer alors qu'il ne fait que recréer un fragment de sa mémoire. Quand le chercheur lâche prise en débridant son mental, il peut voir loin, très loin. Il peut chercher l'information dans le passé aussi bien que dans le futur de son temps terrestre.

Cela paraît difficile à accepter depuis la pensée humaine, cher Acteur, sachez que le temps n'existe pas ailleurs. Quand l'information arrive à la lumière, elle revient de loin, car la pensée va plus vite que la lumière et le corps lourd et dense ne fait qu'agir.

Le corps reste sur place et ne voyage pas. C'est la pensée qui se déplace ; elle est hors temps et n'a besoin d'aucun vaisseau. Il lui suffit de se placer sur l'orbite du cœur et ses mémoires lui offrent tout ce dont elle a besoin, ce qui est dépourvu de valeur terrestre.

Tous ces voyages de l'esprit vous sont offerts par la voie de l'Hospitalité que vous vous accordez. Celui qui les connaît déjà et les utilise dans la pratique sait de quoi je parle et peut aller plus loin, toujours plus loin, car l'infini a tout prévu. L'Univers est vaste et grand et n'a pas de frontières si vous y arrivez en ami et en invité.

**La peur, le doute, les tabous** ont privé l'être animé de son premier cadeau et l'Homme a limité son esprit en le conditionnant. Aussi, quand ses rêves le dépassent et que sa mémoire lui revient, il préfère les oublier plutôt que de les analyser et de les comprendre.

Pourtant quand il est en état de repos, tous ses corps lui apportent l'information. Pendant que le corps physique se repose, l'esprit lui, reste en éveil permanent (et je suis là pour vous le rappeler).

La mort physique ne sépare que trois corps quand votre temps terrestre s'est écoulé. L'âme continue légère ses déplacements en attendant d'emprunter un nouvel habit, si son étape n'est pas atteinte. La Terre est *un* magnifique astre d'asile pour apprendre et comprendre.

Il existe néanmoins une fin terrestre et un trou noir clans l'astral pour les âmes qui n'auront pas respecté leur contrat de vie. Ceux-là ne reviendront plus sur Terre et encore moins dans les autres plans de conscience élevés.

Pour le moment retenez cher Acteur, que vous n'êtes pas de ceux-là. Vous devez vous ressaisir car la répétition est épuisante pour votre esprit qui ne se ressource pas, faute d'évolution. En stagnant vous régressez.

Nous attendons inlassablement que vous franchissiez l'étape supérieure où l'être évolué pourra continuer à vivre et à étudier sur d'autres plans où la conscience pure n'a pas besoin de corps physique.

Il vous faudra franchir de nombreuses étapes et chaque chemin est unique, accompagné de la présence d'entités pleines d'amour et de bonté à votre égard.

Cela ne sert à rien de vouloir être à la place d'un autre. Chaque être est à la bonne place, au bon endroit, dans le bon moment pour favoriser son évolution. Donc rien n'est juste ou injuste et la chance n'a rien à voir avec le style de vie, la famille ou les limitations que l'on a choisi.

Chaque être a plusieurs états à explorer, plusieurs corps et possède tout en lui. La différence entre les uns et les autres tient à un type d'éducation qui bloque plus ou moins, à un degré d'ignorance qui peut priver de liberté, tout cela empêchant plus ou moins la personne de vivre dans un état de paix intérieure.

Pourtant cette paix intérieure est à la portée de tous, et atteindre l'amour inconditionnel est une affaire de patience. Tout ce qui est pensé est possible et tout ce qui est souhaité avec le cœur, avec force et conviction est exaucé.

Notre Père n'a jamais abandonné ses enfants et celui qui retrouve sa source de pureté (soit le centre de lui-même) aura la clef de la paix intérieure et vivra avec foi ces moments de retrouvailles et de réel bonheur

Vivre dans l'ignorance entraîne l'être humain à commettre des maladresses répétitives et la pauvreté de l'esprit l'entraîne vers des mesquineries et de réelles erreurs qui le maintiennent à l'opposé de lui-même, rendant sa vie très difficile. Se relier à son âme c'est se relier à son intelligence supérieure avec la conscience avisée et la certitude de ne plus vivre dans la séparation ni l'isolement. Il ne suffit pas de ne pas faire de mal autour de soi pour avancer, il faut aussi ne pas se ménager faussement car la vie ne pardonne pas la faiblesse.

Vous devez apprendre à dépasser votre petite personne même si vous n'agissez pas mal, car vous vous trouvez encore en décalage avec la nouvelle énergie qui avance sur toute la planète. Les réglages viennent de la conscience supérieure et si vous ne vous y raccordez pas, vous ne serez pas en phase et votre vie deviendra de plus en plus compliquée.

La foi appartient à l'individu seulement, et s'en priver c'est vivre de façon inconsciente. Celui qui a foi en lui et en son créateur, *ne doute pas.* La constance de sa ferveur en cet amour le conduit sur la voie de la passion.

La religion devient un support et un soutien réel s'il considère qu'il est dans l'unité et l'amour de son prochain comme de lui-même. Il est alors heureux de la joie intérieure divine et plus rien ne l'atteint. Il doit cependant accepter de s'unir avec toutes les croyances par la **voie universelle** et comprendre avec tolérance les autres groupements.

Cher Acteur, retenez aussi ceci : il ne sert à rien de réclamer la justice si vous n'êtes pas juste avec vous-même. C'est comme réclamer de l'amour si vous ne vous aimez pas vous-même. Car vous ne produirez à l'extérieur que ce que vous êtes à l'intérieur et tous vos actes passent par le sentiment.

Celui qui se connaît a tout. Aussi vous devez apprendre à vous retrouver vous-même en profondeur pour être bien accompagné à l'extérieur par des personnes qui ont déjà fait les mêmes recherches que vous, pour avancer dans l'union et le partage avec quelques-uns, et toute l'humanité par la suite. Car tous les êtres animés habitent le Grand Tout et vous êtes un petit fragment de celui-ci.

Mon petit, sachez que vous et vos frères et sœurs, vous êtes tous à la bonne place dans cette vie, et dans votre rôle. Il faut vous accepter tel que vous êtes si vous voulez aller plus loin en vous-même en rétablissant l'ordre intérieur et la loi de l'Hospitalité.



En effet il n'y a que sur Terre que la vie physique a son importance. C'est le seul astre de la galaxie où les quatre éléments sont réunis pour engendrer la vie, et vous devez continuer à la préserver afin d'équilibrer l'incarnation de votre descendance.

Il y a autant de naissances que de décès sur un très large ensemble et le remplacement s'enchaîne sans fin. Les entités travaillent bien en veillant sur vous.

Sachez Acteur que la vie ne s'arrête pas après la mort physique même si vous ne le croyez pas. Votre **mémoire l'a oublié très volontairement car c'était un choix** de le redécouvrir dans cette vie. Et quand vous serez unis à nous, vous n'en douterez plus du tout. La vie continue ailleurs sous d'autres formes qu'on appelle entités.

Il vous faut savoir que votre âme, même en incarnation terrestre, vous accompagne tout en vivant en même temps dans d'autres endroits de la galaxie. Elle voyage constamment et reste à l'écoute de vous-même à tout moment car elle est libre et légère et que votre corps ne peut pas la suivre.

Certains d'entre vous savent quitter ce corps lourd après un exercice préparatoire et voyagent déjà dans le cosmos. Ils ont accès à des informations supplémentaires et ne peuvent pas quitter trop longtemps leur forme physique qu'ils doivent assez rapidement réintégrer. Ils connaissent la joie de vivre la paix, en suspension parmi les êtres de lumière. Après l'expérience, ils ont du mal à continuer à vivre en incarnation et leur souhait intime est de partir définitivement.

Ceux-là n'ont pas peur de mourir et n'attendent que ce moment de bonheur où ils seront libérés et deviendront aussi légers que moi, pour pouvoir revenir chez eux sans l'encombrement du corps physique.

La vie terrestre perpétue l'espèce et permet à toute personne qui s'incarne de se libérer du karma individuel qu'elle avait contracté, et d'annuler massivement les karmas collectifs qu'avaient engendrés votre ignorance et votre manque de discernement perpétué uniquement par le doute.

Quant aux autres, les Maîtres volontaires appelés missionnés, ils viennent vérifier les informations et aider à faire avancer l'humanité dans son ensemble afin qu'elle regagne ses libertés. Quand vous prendrez conscience de leur valeur et de l'intérêt qu'ils portent à toute l'humanité, vous les accompagnerez de vos prières et les soutiendrez de votre aide car vous comprendrez leur mission.

Attention Acteur, ceux-là sont rares, même très rares et ne sont pas tous des guides. Seule la profondeur de votre sentiment intérieur peut vous conduire à mériter de les rencontrer.

Ainsi, votre incarnation vous permet d'effacer vos résidus karmiques par la compréhension et l'amour. Vous effacez aussi vos dettes anciennes en vous incarnant sur le plan physique par l'énergie sexuelle, et vous pouvez en fonction de votre évolution spirituelle étudier et apprivoiser toutes les fonctions amoureuses, de la passion au détachement, car celui qui ne sait pas aimer ne sait pas donner.

Tout passe par l'échange et la loi de l'Hospitalité. Si vous n'ouvrez pas votre cœur aux autres, vous devenez aigri et votre source se tarit. Un cœur n'est jamais sec, il est toujours animé par le flux et le reflux sanguin. Vous pouvez comprendre qu'il en est de même pour vos autres corps dans lesquels circule l'énergie déversée par la source divine qui se trouve au centre de vous-même.

N'oubliez pas que vous possédez une petite centrale énergétique vibratoire pour votre propre fonctionnement vital. Et celui qui s'est déjà intéressé à son utilisation se surpasse et sait se connecter aux autres centrales par le magnétisme et le contrôle de son énergie productrice.

Celui qui a compris le sens profond de sa valeur, sait se connecter ensuite à la grande centrale du cœur de la Galaxie et reçoit, donne et échange avec son corps de lumière. Puis il redistribue autour de lui, car il ne se contente plus d'être seulement un bon émetteur / récepteur, il devient un réel transmetteur et tout son entourage en profite.

Autrefois il s'appelait un porte-parole et aujourd'hui avec le temps et le savoir, avec la confusion de l'écrit, il est appelé un messager, cela revient au même pour l'enseignement.

Le porte-parole peut devenir aussi bien un dictateur manipulateur de foules, qu'un sage ou un saint-homme, car bien qu'arrivé à ce degré de savoir et de possibilités, il garde son libre-arbitre terrestre et a donc un libre choix pour utiliser cette force.

C'est pour cela que vos religions vous ont enseigné tout en vous préservant, et que ce pouvoir a été caché et occulté de vos livres de chevet. Ce sont ceux-là même qui ont utilisé cette force de groupe, qui ont emprisonné vos lumières dans le système qui les arrangeait. Seul Jésus-Christ a révélé la Source et a uni les cœurs en les libérant de ce carcan.

Il a fallu deux-mille ans pour bien comprendre le sens caché de ses paraboles et tout ce qu'il voulait dire.

L'église chrétienne a récupéré une partie de ses paroles pour un grand mouvement qui par la suite s'est divisé en plusieurs groupes de croyances. Ainsi sont nés un Messie de gloire et un Dieu vengeur. Ils ont bâti des églises de pierres et même des cathédrales au détriment des églises de chair.

Le sacrifice de Jésus a été utilisé pour vénérer la croix et les martyrs plutôt que la simplicité de l'être. Jésus **vous** a montré le chemin du cœur en ouvrant la voie de Christos et du partage à l'humanité. Il ne parlait pas de religion et ne demandait pas d'en créer une autre pour diviser les hommes entre eux, Lui qui apportait la Vérité dans la paix unique pour tous les êtres animés.

Il est toujours vivant dans les cœurs. Sa parole pieuse est toujours aussi fraîche qu'au premier jour pour celui qui sait écouter avec le cœur en évinçant toute dualité. Suivre son chemin conduit à son for intérieur et avec la passion et la patience, tous peuvent arriver au Père, comme Lui.

La lumière est en chacun et la première découverte de l'être humain c'est de la retrouver en débroussaillant sa conscience, en s'accordant les mêmes libertés que Lui. Votre époque est facilitée pour élargir cette recherche à tous. Toutes les églises détiennent des fragments de vérité ; aucune n'a respecté le contrat d'unir et de réunir toutes les âmes.

Elles ont divisé et même semé la dualité, et beaucoup trop de sang a été versé au nom d'une croyance ou d'une autre. Il y a trop de bannières pour un seul Dieu. L'Eternel n'a pas de choix à faire entre les partis. Il est partout chez lui et vit dans tous les êtres animés où circule la créativité. Le Christ n'a fait que citer son Père et ne s'est pas pris pour Lui.

Ce qui était mal il y a deux-mille ans par ignorance et incompréhension, devient juste aujourd'hui dans le temps présent. Et la peur engendre la peur, la haine engendre la violence ; l'amour reste l'amour immuable et ineffable. Et tout vous conduit à aimer davantage en vous ouvrant les portes du Savoir. Vous détenez chacun une clé personnelle pour y accéder.

Il n'est pas nécessaire de changer de religion pour trouver la vérité. Il est indispensable de changer sa propre vision, de la réajuster en fonction de sa propre évolution intérieure et de ses formes pensées. L'extérieur s'adapte et se transforme quand vous restez intègre face à votre foi, libre et autonome dans votre église de chair. Vous êtes alors dans le chœur des cœurs, vous chantez le cantique des cantiques, vous vivez dans la paix intérieure, l'amour sans limites, le bonheur absolu. Vivre heureux c'est être dans son silence et dans la joie de communiquer avec tous ces êtres de lumière qui ont atteint la perfection en fusionnant dans l'unité complète.

Que cela ne vous empêche pas de vous rendre dans un lieu saint de votre choix, à tout moment car Dieu a offert l'Hospitalité à l'Homme partout où l'air circule sur la Terre et sur l'eau. Les églises de pierres sont de magnifiques endroits de rassemblement et ne devraient exclure personne. La paix viendra quand l'Hospitalité sera rétablie et quand les églises de confessions multiples s'Inviteront entre elles.

Dieu ne peut pas donner ce qu'il a déjà offert à tous par la création originelle ; il attend une contribution, un geste, dans le retour de son amour de la part de ses enfants.

**Aucune religion n'a raison si elle exclut les autres,** car tout est continuité et aucun être n'est inutile sur Terre. Moïse a apporté les *lois divines* pour les Hommes ; d'autres les ont appliquées et suivies comme le roi Salomon. Le Christ a enseigné *la charité et le pardon.* Mohammed le prophète, en réunissant son peuple a apporté *les cinq obligations à* l'Islam, et *approfondi **la miséricorde*** en appliquant les évangiles suivant ainsi la voie de l'Ange Gabriel qui est en dehors de toutes les religions et de tous les principes.

Les lois divines sont pour tous les êtres humains qui se partagent la Terre nourricière en hôtes, **dans le respect de la loi de l'Hospitalité.**

Aujourd'hui il faut penser à s'unir et utiliser son énergie pour la paix et non pour entretenir d'anciennes querelles entre les plus anciennes religions et les moins anciennes.

Pour tous les enfants nouveaux de la Terre ces querelles sont trop anciennes. **C'est l'union fraternelle qui apportera la PAIX pour tous.**

Ce qu'il vous faut changer Acteur, c'est votre vision sur l'ensemble des religions. Regarder à l'intérieur de vous ce qui résonne dans votre spiritualité profonde et non dans la superficialité à travers le regard de votre entourage. Le penseur spirituel a une pensée éclairée et ne connaît plus le doute.

Il sait que le Père céleste est dans le Tout et qu'une partie est en lui-même. L'esprit n'a jamais été malade, c'est le doute et la vie de ceux que l'on côtoie qui attirent la maladie. L'esprit est toujours sain ; seul le mental s'imprègne du négatif. Le mot spirituel est aujourd'hui bien défini et à la portée de tous et de chacun.

Le Christ n'appartient pas seulement au monde chrétien ; il représente une voie éclairée pour tous, celle de **CHRISTOS.** Même le métaphysicien doit l'accepter non pas en religieux ou en croyant seulement. Il doit comprendre et découvrir sa cellule divine pour bien vivre le repos de son esprit. Il doit s'unir dans le pardon de ne pas l'avoir compris plus tôt.

*Petite voix, pourtant « Christ »*
*Est le début du mot « christianisme »*

Oui, c'est ce que les croyants chrétiens ont voulu enseigner. Moi je vais vous donner cher Acteur une autre définition, celle du cœur libre et libéré de tout dogme.

| CHRIST | CHRISTOS | CHRISTAL |
|--------|----------|----------|
| Ou | Ou | Ou |
| Maître | Energies | L'Etre qui a reçu l'esprit du cristal lumineux |

La forme-pensée crée un modèle et le désir s'inspire de ce modèle. Considérez cher Acteur, que vous avez un habit d'alliance qui vous unit à votre âme et dont seule la couleur transparente accepte toutes les couleurs de l'humanité, vous permettant de voyager vers d'autres lumières.

La couleur transparente du cristal ne possède pas de nuances ni d'intensité et n'émet que des rayons. Il n'y a pas de variations et en fusionnant, la transparence est liquide dans l'eau et légère dans l'air. Elle échappe au feu ardent et vient se déposer sur Terre comme la rosée qui s'évanouit le matin dès les premiers rayons lumineux du soleil qui sont là pour offrir une nouvelle journée, comme une renaissance.

La nouvelle ère du Verseau va apporter l'union de l'Initié avec la Connaissance et il est nécessaire de se poser les grandes questions métaphysiques pour bien préparer son avenir.

On peut s'expliquer le retour au religieux mystique par la faillite des grands mouvements idéologiques, par l'insatisfaction du citoyen liée au matérialisme de la vie quotidienne, ainsi que par un vide politique qui ne donne plus de raisons d'espérer en l'absence de consensus sur les grandes questions éthiques.

Par conséquent la question religieuse redevient centrale aujourd'hui.

*Cela me rappelle ce que disait Malraux*
*« Lorsqu'il parle dans « psychologie de l'Art »*
*D'un lent mouvement de balancier qui va*
*Au mystique, de l'humanisme à l'adoration.*
*L'humanité paraît être entrée*
*dans la phase mystique.*
*Et le mouvement du balancier est suffisamment*
*Lent pour que cette phase soit durable.*
*Et la question se pose à nous de savoir*
*Si le millénaire à venir sera religieux*
*Et si oui, sous quelle forme ?*
*On ne peut qu'être attentif à l'émergence*
*D'un Homme, religieux ou païen, et tenter*
*De pratiquer Une forme d'écologie spirituelle*
*Pour séparer de cette floraison tous azimuts,*
*Le bon grain de l'ivraie. »*

Bravo cher Acteur, vous avez raison de citer cette phrase de Malraux qui était un grand visionnaire et qui n'avait aucune attirance pour l'obscurantisme. Il ne faut tenir pour vrai que ce que l'on a compris, et il faut apporter des données vraies à celui qui veut les comprendre. Ainsi

Dieu a été rendu coupable de pouvoir donner une réponse à l'inexplicable.

L'esprit subit les influences des sept couleurs de l'arc-en-ciel, des sept chakras primordiaux (en orient) liés aux sept parties du corps. Il doit lier désirs et besoins, et mettre en cohésion, en harmonie, en coïncidence les sept points énergétiques vivants et indépendants.

*Comment faire toujours*
*Attention à son tangage*
*Pour ne pas être négatif ?*

Attention Acteur, trop de positif attire le négatif. Le trop plein de positif peut devenir négatif si vous ne diffusez pas. Celui qui va à l'extrême de lui-même apporte la destruction. Tous les principes vécus à l'extrême conduisent à l'autodestruction. La dictature et l'action menée par la force apportent la peur donc la vengeance. La vengeance se nourrit de haine, et la haine engendre la violence et l'intolérance jusqu'à l'incompréhension, il n'y a pas d'écoute.

La dictature s'accompagne toujours d'une détermination destructrice sans retour. A ce stade, seule **la clémence divine et le pardon,** peuvent apaiser les esprits ainsi tourmentés.

Acteur, gardez toujours devant vous la vision de la perfection, de l'harmonie et de la beauté ; et regardez-les en tout et en tous. Laissez l'amour en vous, déborder comme l'eau et s'écouler vers tous de façon identique sans jugement ni discrimination, car tous sont issus d'une même grande famille.

L'amour universel commence en chaque personne et se fraie un chemin vers l'extérieur. Si chacun d'entre vous en prend conscience et permet à cet amour de couler librement, de grands changements adviendront dans votre monde.

C'est l 'amour qui transmute toute haine, toute jalousie, envie, critique et convoitise qui sont les causes de la guerre, de la destruction et de la mort chez vos semblables. L'amour apporte la paix, la joie, le bonheur et le contentement qui demeurent. Par-dessus tout, il apporte l'unité et l'Harmonie.

Acteur sachez que si vous avez erré sur les routes et les chemins de traverses et que vous vous êtes perdu, vous pouvez revenir sur le chemin de l'amour qui mène à la vie. Et je serai toujours là près de vous comme aujourd'hui si vous m'invitez avec la loi de l'Hospitalité.

La révolution française a été dans votre histoire une phase destructrice à l'extérieur. Elle a en définitive été déterminée et ordonnée par l'esprit intérieur de façon individuelle.

| LIBERTE | EGALITE | FRATERNITE | OU LA MORT |
|---|---|---|---|
| OU<br>Respect des Lois universelles | OU<br>partage Famille<br><br>union | OU<br>l'amour universel | OU<br>Déséquilibre et auto -<br><br>Destruction |

**« Liberté, Egalité, Fraternité ».** Cette acclamation est inscrite partout pour prôner les droits de l'Homme dans la justice et l'union. Il *ne peut pas y avoir de liberté sans passer par les lois universelles et divines.*

Aussi, peu importent votre origine ou votre condition sociale, il est nécessaire d'accepter et d'appliquer les lois universelles pour tous avant qu'elles ne soient transformées par une modification de leur sens, et imposées de l'extérieur. Chacun est uni à la grande Fraternité par la liberté et ses liens d'origine pour vivre et diffuser la paix.

L'être humain du nouveau cycle à venir, devra apprendre, et accepter de comprendre toutes les lois universelles et divines en passant par la loi de l'Hospitalité pour mériter de ne plus emprunter de corps physique. Il pourra alors vivre invisible et transparent dans le cosmos. Il sera un être invité à rester à la maison de l'Univers en qualité d'enfant éternel illuminé par sa propre clarté, pour l'éternité.

*Je t'ai souvent entendu prononcer*
*Le mot « **lumière** ».*
*Peux-tu m'éclairer, si j'ose dire ?*

Chaque individu est une lumière :

   -allumée en attendant l'éveil illuminé d'amour et de compassion

   - éteinte car l'ombre a été choisie comme source d'émotion.

*Une* lumière éteinte reste une lumière aux yeux des autres frères et sœurs et peut être rallumée à tout moment par un déclic. Cette flamme est à l'intérieur de chacun d'entre vous et nul ne peut l'allumer à votre place.

Une lumière éteinte continue de vivre, et finit par s'aigrir et se trouve ballottée d'idée *en* idée jusqu'à finir parfois possédée.

Une lumière illuminée conserve toujours sa flamme vive et harmonieuse et ne cherche pas à briller ni à se montrer. Elle est limpide et transparente et se voit de l'extérieur par sa diffusion constante.

Une lumière allumée attend, se prépare, se remet en cause, se juge, se jauge et laisse couler l'essentiel de son propre temps (le sablier). Le temps perdu ne se rattrape plus ; il fait partie du passé et l'attente n'est pas créatrice. Aussi le temps perdu l'est définitivement et cette perte sera inscrite à l'horloge. Il est un temps pour naître et un temps pour mourir puis un temps pour renaître. Si la conscience est suffisamment éclairée, sa flamme reste aussi vive qu'au premier souffle.

Simple, émouvante, empreinte de naïveté, sensible, généreuse, l'étincelle ne cherche pas à savoir si elle a, elle donne, elle distribue sans compter et s'approvisionne tout naturellement à la source de l'intérieur, car elle n'a pas peur de manquer. Elle ne doute pas, elle ne cherche pas, elle sait. Elle vit en traversant en tous sens le bonheur d'être, et apprécie tous *les* **bienfaits qui l'entourent.**

La conscience s'élève aujourd'hui davantage sur le plan mental et sur le plan de l'âme. Avant l'Homme n'était conscient que des plans physique et émotif. Tout se passe à l'intérieur de chacun et chaque cas est unique. Comme l'ADN physique, l'ADN « divin » est la seule étiquette.

Rien n'est totalement décidé à l'avance et à chacun de vos retours terrestres, il vous est offert une page blanche (comme la serviette blanche à l'invité). Le passé y est retracé pour information et chacun reçoit la chance de retrouver son étincelle divine pour revenir à sa source tout seul par ses propres moyens.

Le Père éternel, créateur du souffle de toute vie, aime tous ses enfants avec justice et ardeur. Il offre la libre expression à chacun car il est dans le libre-arbitre et dans la loi de l'Hospitalité. Hier vous étiez ignorant, aujourd'hui vous savez lire et écrire et vous pouvez découvrir par vous-même l'enseignement laissé par les Sages pour avoir une opinion personnelle et réaliste.

Demain tous les enfants du monde devront savoir lire et écrire bien sûr, et en même temps recevoir une culture universelle qui inclura l'étude des trois grands livres saints que sont la Torah, la Bible et le Coran, ainsi que celle des philosophies comme l'hindouisme et le bouddhisme pour apprendre à recentrer leurs énergies.

Ainsi chacun pourra s'ouvrir à la même lumière qui vient toujours de l'Orient et non du passé humain chargé d'histoires.

## LA JUSTICE VIENT DE SALOMON LA LUMIERE VIENT DE L'ORIENT L'AMOUR VIENT DE L'ENERGIE DE CHRISTOS

La Paix viendra de la reconnaissance du dernier livre saint arrivé, le Coran qui apporte la miséricorde, *sans pour autant annuler ou oublier les anciens livres saints la Thora et la Bible,*

car avant le désert il y avait des océans, de l'eau salée et des milliers de grains de sable.

**Ainsi le dernier est servi le premier par ses aînés selon la voie de la sagesse et la loi de l'Hospitalité.**

Il vous faut réapprendre à vivre l'unité (comme les grains de sable d'une plage), avec tous les changements. *Il faut écrire votre nouveau livre qui vient des anciens pour préparer votre futur et votre nouveau cycle car l'ancien se parachève.* Une étape est franchie avec ses deux cent mille ans d'expérience. La Terre a compris et tous ses habitants doivent accepter que :

- les libertés doivent s'étendre à tous avec l'acception des différences aussi bien intérieures qu'extérieures,

- les églises, synagogues et mosquées doivent être conservées pour leurs symboles et aussi pour être des lieux de réunions et d'échange,

- il faut prendre davantage conscience de l'église de chair car chacun doit rétablir en lui la loi de l'Hospitalité.

- De même que l'esclavage a été aboli, il faut que chacun se libère de sa prison mentale. L'esprit doit regagner son autonomie en instruisant tous les enfants du monde (qui seront les adultes de demain), des lois de l'Univers quelque soient leur milieu et leurs origines.

Vous êtes tous les enfants de l'Univers, c'est seulement lorsque vous deviendrez des adultes que vous regagnerez la confiance *du* Père qui vous autorisera à rentrer à la « maison » pour visiter la Terre céleste dont la capitale s'appelle Jérusalem.

Cela se fera une fois que vous aurez retrouvé votre transparence, votre pureté originelle à l'intérieur de vous, tout en conservant l'enseignement profond de vos expériences.

La clé de vie est trinitaire et inséparable. Le sens profond de l'être est ancré à l'intérieur de chacun pour l'offrir à l'extérieur, aux autres, à tous les autres sans distinction. C'est aussi cela la loi primordiale de l'Hospitalité.

Chacun d'entre vous tout en restant unique, doit se réunir en lui pour s'unir à la Grande Fraternité Universelle que vous appelez Dieu et dont chacun de vous est un fragment. Reconnaître Dieu à l'intérieur de vous, vous amènera à réintégrer l'Eternel ou la divinité, en tout et partout sans image ni idolâtrie. Le Créateur a des disciples et des maîtres qui œuvrent avec tous les éléments de la galaxie et leur aide est précieuse pour l'équilibre de toute l'humanité.

Mettre votre flamme en sommeil, c'est vivre dans la culpabilité intérieure et connaître le désert aride à l'extérieur.

**Pardonnez-vous définitivement pour ce lourd passé et enclenchez un cycle de paix durable.**

Si c'est nécessaire, pleurez une bonne fois pour nettoyer les résidus de colère, d'amertume ou de faiblesse et analysez vos larmes et celles de votre voisin. Elles sont toutes également salées quelque soient la couleur de votre peau ou de votre origine religieuse. Vos yeux seront toujours pour moi un océan de pureté.

Oh Acteur, seule, je ne suis rien qu'un morceau de vous, avec vous je suis le Tout et ensemble nous pouvons rejoindre le Grand Tout.

Le Son, le Souffle, le Verbe guident le mouvement de la vie simplement en restant animés par l'être physique doté de ses cinq sens. Ils sont en effet reliés aux corps subtils pour former un pont entre l'Univers et la Terre.

La durée de vie d'une Lumière est illimitée et permanente et elle ne rencontre jamais de grands moments sombres. Constante et douce, elle inonde les vastes océans, les plaines et toutes les fontaines de jouvence où toutes les baigneuses et tous les baigneurs iront joyeux. La vie passe et la lumière se propage sans limite tant son champ d'action est vaste.

Sa maison est l'Univers, son domaine est illuminé constamment par les autres frères et sœurs lumières. Son royaume est silencieux et joyeux car la lumière ne parle pas et n'a pas besoin de se faire comprendre. Elle est acceptée comme un morceau d'un Tout et chacun reste à sa place.

La lumière n'est jamais trop vive. Elle sait que par sa présence elle est importante pour l'équilibre ; qu'elle contribue à l'énergie vitale. Elle émet ses étincelles, discrètement et efficacement par l'intérieur de son être, **la voie du Cœur.**

La lumière qui traverse le souffle d'or devient une note pour la symphonie céleste d'union et de partage.

La lumière n'a pas d'humeur, elle est constante et omniprésente pour les autres. Elle n'a pas besoin de se distinguer ni de se faire remarquer. Elle est, tout <u>simplement.</u> Elle vit, elle agit, elle connaît son sens et vient se reposer auprès du Père céleste au pays d'Eden autant qu'elle le désire, même pendant ses mutations de passage.

La lumière est libre et vertueuse et ne connaît aucun chagrin ni aucune déperdition. Elle brille et distribue les étoiles qui réchauffent tous les chœurs célestes, et les animent de leurs voix divines.

La lumière est autonome et patiente et sait servir la rampe éclairée quand elle prend une mission pour un moment déterminé. Elle n'a pas besoin de récompense.

La lumière a un cœur de diamant et comprend la diffusion de son rayonnement ; elle accepte avec amour et compassion chaque voyage, et revient, de ses déplacements, encore plus glorieuse, sans fierté car elle est constante, libre et libérée de toute contrainte ; elle n'a ni orgueil ni ego.

La lumière sait avec quelle force elle peut traverser l'esprit saint, elle n'en abuse pas. Elle reste humble et utile à son prochain et chacune de ses victoires s'inscrit en elle.

Sa force et sa puissance l'envoient toujours plus haut et plus loin.

Vois-tu cher petit, ce qu'elle préfère c'est de venir se reposer aux pieds de son Père céleste pour lui raconter des histoires et renouer la complicité de l'enfant qui aime se faire dorloter.

Ainsi Acteur, si vous invitez votre lumière dans votre maison, elle sera toujours éclairée et votre intérieur sera toujours chaud et douillet. La lumière sait se dédoubler et se mettre au service quand l'amour et la dévotion l'appellent. Elle épouse toutes les causes et rien ne l'arrête.

Elle est hors temps et n'a pas de limites. La constance de son éclairage ne brûle pas ; ses rayons sont froids et ne s'impliquent pas. Sa flamme est diffusante et ne se laisse pas prendre au dépourvu par un appel d'air ou par un courant d'énergie électrique passager. Elle ne s'éteint pas et protège bien son secret ; elle reste fidèle à tout compagnon qui l'invite à partager sa vie.

Elle s'offre et ne s'achète pas, et demeure aussi longtemps que l'invitation est renouvelée. La lumière a tout le temps ; elle est éternelle et connaît la dévotion de l'amour inconditionnel.

Toute vie terrestre doit atteindre la perfection de la lumière par sa transparence pour avoir la possibilité d'être invitée à regagner son origine, la maison de l'Univers, car elle n'a plus besoin d'expériences et ne conserve en mémoire aucune peur, aucune rancœur, aucun doute, aucun regret ; elle n'a plus ni remord ni karma.

Elle est libre et libérée de toutes superstitions, de toutes fausses croyances, et connaît la passion des maîtres de sagesse. Toutes les lumières deviennent autonomes, et des maîtres. Plus rien ne peut atteindre le cœur de lumière dans l'énergie la plus créatrice.

*Oh petite voix, **je suis très ému***
***Car tu m'as tutoyé en me parlant***
***De lumière** et je suis très heureux*
*D'être ton enfant, à l'écoute.*


Je t'ai tutoyé un instant, en effet, un moment fort où *ta participation était optimale.* J'ai ressenti très fort ton désir de nous inviter à l'intérieur de toi en comprenant ton rôle et en acceptant l'évolution attendue.


*Oui, c'est bien cela en effet !*
*Je le souhaite et le désire*
*Au plus profond de moi-même.*
*J'ai tout à apprendre et comprendre*
*Sur tous ces mécanismes*
*Humains et spirituels !*


Attention Acteur, je dois te mettre en garde car tu ne pourras plus redevenir ignorant ou inconscient et plus jamais tu ne reprendras les sentiers d'apprentissages.

Tu devras suivre la grande route, <u>l'unique</u> sans te retourner sur ton passé, ne te préoccupant que de ton avenir en compagnie des autres, même si de ton point de vue ils sont en retard.

Rappelle-toi ceci pour toujours :

Une lumière éteinte reste une lumière aux yeux des frères et sœurs, et elle peut être rallumée à tout moment. La flamme est située à l'intérieur de chacun et aucune personne ne peut l'atteindre ni l'allumer pour une autre. La programmation ne peut se faire qu'à partir de chaque conscience, de chaque désir. Seule la loi de l'Hospitalité peut en ouvrir les portes, et si chacun peut contribuer et participer, nul n'est indispensable.

Une lumière éteinte vit et finit par s'aigrir et devient vulnérable, à force d'être renvoyée d'idée en idée. Elle se retrouve parfois prise dans des pièges et finit possédée et isolée dans l'ombre.

Une lumière active conserve toujours sa flamme vive et harmonieuse et ne cherche pas à briller ni à se montrer. Elle reste pour toujours limpide et transparente et l'être physique qui l'accompagne se fait remarquer à l'extérieur par sa simplicité et son humilité.

Une lumière qui est restée allumée est en attente des retrouvailles avec ses semblables. Elle sait que l'attente n'est pas créatrice et s'inscrit pour le prochain départ dans le tourbillon animé de la vie afin de ne pas perdre de temps.

Elle connaît le temps qu'il lui reste dans le sablier terrestre pour s'exprimer. Elle sait aussi qu'il y a un temps pour mourir physiquement, un pour naître et un pour renaître dans une conscience plus éclairée et plus épanouie. Elle comprend que le temps lui a été offert.

Simple et généreuse, l'étincelle qui jaillit de la lumière inonde tout son entourage de sérénité et d'abondance car elle connaît la source du bonheur. Elle s'y approvisionne chaque jour en bénissant son nom et en sanctifiant sa mémoire et celle de tout son savoir.

Une fois la transparence retrouvée tu pourras vivre la pureté originelle à l'intérieur de ton être, tout en conservant le bénéfice des différentes expériences qui t'ont permis de grandir et d'évoluer jusqu'à ce jour.

Tu retrouveras les clefs de vie qui sommeillent en Toi, et tu apprendras à les utiliser car le passe-partout c'est Toi. **Tu représentes la septième clé.**

*Apprends-moi les clefs de la vie
Petite voix, s'il te plait ?*

Il y en a plusieurs, et l'essentiel à retenir c'est que la clef de vie est trinitaire et que le sens profond de l'être est ancré à l'intérieur de chacun pour offrir à l'extérieur, à tous les autres <u>sans distinction.</u> C'est la loi primordiale de l'Hospitalité.

Tu ne connaîtras plus la culpabilité intérieure et le désert extérieur lorsque tu retrouveras la maîtrise et le savoir de tes origines, dont tes possibilités. Car Acteur, tu ne sais pas combien est immense ton Savoir et tout le trésor que tu as emmagasiné depuis ta création.

Quand le moment viendra, je te révélerai d'où vient la Source ainsi que l'origine de la Création quand l'Homme est apparu sur Terre, bien après le Big-Bang astral, et avant les différentes croyances, avant les hommes, avant l'animal, avant l'océan, avant la Terre !

Avant la guerre, il y a la paix,
Avant la confusion, il y a l'ordre,
Avant les lois humaines, il y a les lois universelles,
Avant la destruction, il y a la reconstruction,
Avant la fin physique, il y a la renaissance, et la vie a un sens, une logique dans le mouvement permanent.

Une compréhension profonde des valeurs universelles est nécessaire, ainsi qu'une meilleure connaissance de l'invisible et de l'Univers tout entier.

L'Homme a évolué dans ce monde sensible et ne vit plus seulement au niveau de son instinct animal, ce qui est positif. Néanmoins s'il n'a pas abandonné son côté guerrier, il n'a pas vraiment compris son long chemin depuis la création, et le but réel de sa mission.

Il a mis de côté toute la force de ce qu'il ressent instinctivement, au service de ses croyances multiples et variées. Il a oublié ses devoirs et ses obligations envers son Créateur. Il s'est forgé des idées fausses qu'il perpétue avec conviction et énergie et qui finissent par devenir de vraies croyances, mettant sa foi au service de cette illusion.

Ainsi son Créateur, amour de vie, devient responsable et même coupable de l'avoir laissé faire sans punition. C'est ainsi que l'idée d'un dieu vengeur qui châtie est née dans les esprits puis s'est perpétuée, jusqu'à devenir vérité.

Aujourd'hui encore le châtiment divin est annoncé par les multiples religions, et même souhaité dans la confusion. Ainsi les corps physiques sont martyrisés et disparaissent et les âmes réclament inlassablement vengeance et se réincarnent pour exécuter la sentence désirée et réclamée par la schématique de l'esprit.

Le nouveau cycle se parachève et la nouvelle ère doit apporter plus de responsabilités et plus de sagesse par la Connaissance. La clef de ce Savoir réorganisera les libertés et le respect de l'Homme pour l'Homme, car le Créateur tout amour n'a jamais dressé ses enfants l'un contre l'autre.

Il s'est contenté de faire descendre des êtres purs de son Univers évolué pour amener plus de sagesse sur Terre dans ce vaste monde peuplé de différences contradictoires. Ces guides doivent aider les êtres à se réunir et puis s'unir pour vivre en paix dans le partage de la terre nourricière offerte équitablement pour tous.

L'Homme a revendu à l'Homme plusieurs fois cette même Terre et des conflits sont toujours d'actualité. Certains parlent de création, d'autres de maison, d'autres de terrain, d'autres encore de construction, personne ne raisonne en Terre unique pour tous ! L'humain préfère payer deux fois, dix fois, mille fois son lopin de terre plutôt que de comprendre qu'il recrée inlassablement le même parcours erroné.

Il n'y a que la mort physique qui réunit tous les humains car ils doivent alors se contenter d'une seule boîte pour dernière demeure. Comme ils ne possèdent plus rien, leur esprit est plus libre et plus ouvert. La possession n'est qu'un bien matériel et terrestre et il est dommage de n'en prendre conscience qu'à la fin de son voyage quand le sablier s'est écoulé.

Acteur, je te rappelle que je suis contenu dans ce sablier et que je représente ta mémoire. Nous avons été unis entre deux voyages et j'ai été présente à toutes tes représentations terrestres. Aussi mon petit, je peux te confirmer que la vie est le plus beau cadeau car tu peux exprimer ton libre-arbitre et obtenir la paix de l'esprit par toi-même. Ta vie t'appartient et il y a plusieurs façons de la vivre selon ta conscience et l'utilisation de la propagation de ton Savoir.

*Faut-il Petite voix, mon alliée*
*Décomposer avant de propager ?*

Oui Acteur, un mot entraîne une phrase qui suscite un commentaire. Chaque phrase ayant plusieurs sens, il y a au moins trois réponses, trois interprétations possibles et trois logiques selon qu'on se place à l'intérieur, de l'intérieur vers l'extérieur, ou à l'extérieur :

- A l'intérieur, on est convaincu.

- A l'extérieur, on suppose, on impose.

- De l'intérieur vers l'extérieur, on informe car on est sûr et on agit en conséquence.

Quand on est convaincu à l'intérieur de Soi comme moi à l'intérieur de Toi, il n'y a ni doute, ni supposition, ni fausse croyance. On est plus que sûr et on transmet sa conviction à l'extérieur avec certitude sans aucune hésitation. On propage avec foi et ardeur cette vérité qui devient unique et profonde.

Avant de passer au stade de diffuseur, il serait souhaitable de s'assurer que cette vérité bénéficie bien de la loi de l'Hospitalité et qu'elle ne dessert pas l'humanité dans son ensemble ou qu'elle n'entrave pas l'harmonie de cet ensemble. Car comme tu le sais maintenant, tu n'es plus seul et dans tes propos, tes choix, tes décisions, <u>tu nous entraînes tous ici présents dans ce théâtre (nous tous qui habitons en toi)</u>.

Dès qu'une pensée est émise et réfléchie, ton esprit l'imprime et l'expédie à tel centrale énergétique, utilisant la vibration d'attraction. Tout se dilue ensuite dans le courant fluide universel et la réaction te revient systématiquement en fréquence lumière et en éclair de pensée. La pensée va plus vite que la lumière et tout ce

qui est pensé est possible. L'esprit ne peut pas inventer ce qui n'existe pas ! Alors imagine les conséquences de chaque acte, de chaque mot utilisé, de chaque sens choisi et de chaque orientation prise !

L'Univers est vaste. Il contient et retient toute cette force d'attraction qui se redistribue en ondes par fraction de fréquence lumière selon la pensée et son intensité. Même quand tu crois être au repos, l'esprit vagabonde et continue ses recherches ; il interroge les cellules primordiales qui dispatchent les informations emmagasinées.

Comme je te le disais, l'esprit *ne* peut pas inventer ce qui n'existe pas. Il transforme, modifie, imagine. Il n'invente pas même si c'est nouveau pour lui, il recrée mentalement ce qu'il a déjà vu ou entendu ailleurs sur d'autres plans de conscience, **ou** ce qui a été canalisé par la loi de l'Hospitalité, surtout si son centre est habité par le Sage de sa communauté qui a été invité à s'installer pour demeurer au centre de son intimité, par le choix de son libre-arbitre.

Acteur, saches que l'Homme parle et n'agit pas avec la même intensité que ce qu'il dit (sauf les rares exceptions *appelés les immortels, conscients ceux qui doivent initier).* L'acte a un effet immédiat, la parole a trois adresses donc peut agir de trois façons différentes.

**Le meilleur choix est :**

**- celui qui amène une unité constante entre l'intérieur et l'extérieur,**

**- celui qui unit et met en conformité la parole avec l'acte pour que l'être soit constant avec lui-même.**

Tu ne dois jamais laisser place au doute ne fusse qu'une fraction de seconde dans ta pensée, car en une fraction de seconde le doute peut détruire l'acte en bloquant l'esprit qui transforme la pensée initiale en une autre intention.

L'Homme vit en permanence avec trois visages en lui : l'ange, le génie et le démon (ou ange déchu), selon sa pensée, son état d'être intérieur et la voie qu'il choisit. L'ange ou les anges se manifestent par l'esprit, le génie utilise le véhicule de passage, soit le corps ; alors que le ou les démons ne possèdent que la faiblesse et le négatif de l'être (c'est ainsi qu'il s'exprime) :

- Vivre à l'extrême apporte la destruction.

- Vivre avec son génie uniquement transforme la mutation en cours,

- Vivre avec ses anges et son génie apportent la paix de l'esprit et du corps.

La communauté intérieure est remplie d'êtres qui apportent aide et soutien à l'être animé qui est en action et en représentation terrestre comme toi, moi et les autres dans ce théâtre. Tu as accepté de nous voir car tu étais en attente à l'extérieur et que ton désir intérieur était de nous réunir.

*Oh merci petite voix,*
*Je comprends mieux à présent où j'en suis.*
*Tout est si simple quand les mots sont justes*
*Tout ce que tu me dis me fais penser au Mot*
*« TRINITE »*

Effectivement cher Acteur, tout doit te ramener à la trinité car chaque fois, le troisième élément, c'est Toi, dans ta responsabilité de te situer et de vivre dans ta cellule divine.

Père — mère — enfant = **Soi intime**
Amour — connaissance — vérité = **Vie**
Conviction — instruction — foi = **lumière**
Frère — sœur — fraternité = **Universel**
Créateur — Terre divine = **Enfant divin**

Tout ramène à l'Eternel et à la vie qui n'a pas d'autre sens ni d'autre logique que de le servir.

Se renouveler c'est donner la vie dans le monde biologique avec amour et offrir l'Hospitalité aux autres enfants à l'intérieur de Soi.

Vivre la trinité :

- c'est abandonner toute la dualité et continuer dans l'harmonie divine et le bien-être.

- c'est être protégé et respecté par sa juste place retrouvée.

Il n'y a alors plus de conflits, ni intérieur ni extérieur.


Rétablir la loi de l'Hospitalité vis à vis des autres :


- A l'intérieur dans son temple de chair, c'est pardonner à l'extérieur.

- C'est réunir dans les temples de pierres les groupes sans séparation entre eux, pour ensuite les unir dans une communion totale.

- C'est reconnaître dans la compréhension des différents peuples sans aucune distinction, que les multiples croyances sont unies et que « Vous servez » tous le même Dieu créateur, et non uniquement « vous servir de LUI » dans l'incompréhension et la confusion.

Le sens de la trinité est circulaire comme le mouvement de la vie et comme les aiguilles d'une montre.

| INTERIEUR | EXTERIEUR | RETOUR INTERIEUR |
|---|---|---|
| Justice divine Lois universelles | Justice des hommes lois terrestres | Justice intérieure pardon pour tous |


Le changement en bien ou en mal va de l'intérieur vers l'extérieur et revient à Soi, et l'on finit par subir ce que l'on fait ou veut faire subir aux autres selon la loi circulaire de la trinité. Tout ce que tu penses, fais ou dis, démarre de toi et te revient par les autres. La loi de l'Hospitalité enseigne le pardon qui est essentiel pour bien vivre le futur de façon responsable.

Les parents donnent à leurs enfants qui apprennent et retiennent ce qu'ils ont reçu en partageant avec leurs frères et sœurs. Une fois devenus parents à leur tour, ils offrent à leurs enfants ce qu'ils ont compris ou reçu, ou ce qu'ils ont envie de recevoir, ou encore, ils leurs transmettent ce qu'ils auraient aimé recevoir.

Ainsi, les générations se perpétuent avec des modifications ; et vous recevez et subissez selon votre niveau intérieur et votre étape de vie, toute les vibrations collectives dues à ces modifications.

Les différences entre les peuples sont inventées à l'extérieur car de l'intérieur elles n'existent pas. Votre âme suit son évolution et franchit les portes. A chaque étape elle reçoit les clés pour avancer sur son chemin.

Personne n'a le droit de juger son semblable pour ce qu'il paraît être à l' intérieur . Seuls ses actes extérieurs sont répréhensibles et seule sa propre conscience peut l'aiguiller vers le pardon et le repentir.

L'indulgence commence à l'intérieur de chacun, pour aboutir à la tolérance qui permet d'apprendre à vivre avec les autres, et le pardon est nécessaire pour y arriver.

-Le pardon intérieur pour Soi-même
-Le pardon extérieur pour les autres
-Le pardon intérieur à nouveau pour ce que l'on a subi des autres.

**La troisième étape du pardon est la plus difficile à accepter si tu te places en coupable.**

Si tu l'acceptes comme nécessaire à l'avancement de ton évolution pour devenir responsable, tu arriveras à pardonner. **Pardonner aide à retrouver la paix intérieure,** sans rien oublier du passé, pour pouvoir continuer à vivre sa propre évolution.

Celui qui refuse d'avancer stagne et régresse inévitablement, car l'esprit est toujours en avance sur le corps emprunté. Ce *véhicule à chaque fois différent et nouveau,* est prisonnier du temps accordé dans le sablier qui lui correspond.

L'âme ne connaît pas le temps terrestre et se nourrit du patrimoine laissé en héritage dans sa mémoire. Il faut toujours semer pour ne pas connaître le manque ou la souffrance dans le prochain véhicule.

Cher Acteur, tu *ne* feras jamais trop de bien autour de toi. Le partage et la distribution sont les attributs de l'être humain :

- Détruire à l'extérieur, c'est se détruire à l'intérieur.

- Donner à l'extérieur ce que l'on n'a pas en épargne à l'intérieur, c'est s'appauvrir.

- La générosité, la charité, la tolérance, le partage se vivent en famille et en groupe depuis toujours grâce à la confession et il faut reconnaître chaque qualité.

- Amour et partage
- Fraternités et messages des anciens
- Liberté et égalité par l'esprit.

Chacun a le droit d'aimer **Dieu** à sa convenance dans la confession de son choix, du moment qu'il accepte et respecte les autres avec tolérance.

Chacun est à sa place, rien n'est juste ou injuste. Il faut s'adapter et l'accepter.

| Hier | Aujourd'hui | Demain |
| --- | --- | --- |
| Le mutant | l'Homme | le divin |
| Instinct | conviction | foi (passion) |
| Apprendre | comprendre | Savoir |
| Recevoir | prendre | Donner |
| Emprisonné | libre | Libéré |
| Vivre | mourir | Renaître |
| Cause | agent | Effet |
| Oser | vouloir | Pouvoir |

Ainsi Acteur, tu peux citer autant d'exemples de trinités que tu veux et même en recréer d'autres.

Chacun a reçu et reçoit encore ; chacun peut changer si c'est son désir ; et chacun peut continuer à s'accepter ou modifier en lui certains de ses repères. Rien n'est figé ou définitif. L'Homme ne doit pas imposer aux autres hommes ce que lui-même ne s'imposerait pas.

Avoir été --- être --- autonome.
(pour bien vivre son étape actuelle et sa compréhension).

*Petite voix, si j'ai bien tout compris, il faut offrir aux autres constamment ?*

Non mon petit, personne ne doit vivre pour quelqu'un dans le sacrifice de soi, ***l'accompagner*** est plus juste.

Il faut d'abord apprendre à bien se connaître, et l'entourage t'aide tous les jours à bien te découvrir :

On peut regarder et ne pas voir.
On peut écouter et ne pas entendre.
On peut parler de sentiments sans en avoir

Et avoir des sentiments sans en parler.

La franchise n'a rien à voir avec la timidité et encore moins avec l'innocence. Tout a un sens.

Tu ne sens pas ta propre odeur ni ton parfum en vivant avec, c'est l'autre à l'extérieur qui le remarque.

Se regarder dans un miroir tous les jours ne veut pas dire se voir et tu n'observes que l'image qu'il reflète, alors que tu observes plus facilement ceux qui t'entourent.

Cette époque a négligé le regard intérieur et si tu soignes ton image, c'est pour les autres et ce qu'ils pensent de toi. Pourtant c'est le contraire qui est juste, Il faut être en osmose avec soi-même pour bien supporter ou accepter les autres à côté de Soi. Il vaut mieux se tromper que de s'isoler.

Doubler ses erreurs c'est aussi doubler ses recherches. Le temps a été offert, pour apprendre et comprendre. N'oublie pas le sablier que tu as toujours au-dessus de la tête...

À tout moment, il faut être sincère avec soi-même et celui qui ment finit par se mentir à lui-même ; il triche avec sa conscience. La vérité libère l'esprit et facilite la vie dans le temps. Les liens du sang s'acceptent naturellement sans aucun jugement et chaque personne reste *unique* clans son raisonnement et dans ses libres choix.

Tu as compris Acteur, que le corps avait besoin de nourriture et avec le temps tu as appris ce que tu préférais manger.

Tu pensais l'avoir fait librement et pourtant ce choix alimentaire correspond à celui de ton esprit influencé par ta culture. Il en est de même pour la nourriture spirituelle car tout enseignement imposé par ton milieu social et culturel ne te correspond pas forcément en profondeur, et l'esprit peut rejeter l'information, ou au contraire l'accepter avec rébellion ou à contre cœur.

L'individu réagit mal à ces formes pensées qui ne sont pas les siennes. *Ses actes ensuite deviennent imprévisibles.* Il se rend malade d'avoir accepté par faiblesse des choix contraires à ce qu'il est vraiment, et il se met en danger de lui-même en perdant son identité intérieure.

Il peut même vivre à l'extrême opposé de son être et ne plus se reconnaître. Il peut aller jusqu'au suicide ou, perdant tout contrôle de lui-même adopter un comportement extrême, glissant vers une auto-destruction en entraînant son entourage.

Cher petit, comprends bien le mécanisme : l'esprit reçoit l'information et la transmet au mental qui digère ces données, puis les envoie à l'âme par le biais du mental supérieur.

Très souvent le mental inférieur bloque l'information par le doute et le manque de conviction et l'individu on reste là, prisonnier de ses propres pensées. Si son esprit est « trop cartésien », il choisit la science avant la conscience et il perd tous ses repères.

L'HOMME RECOIT DEUX EDUCATIONS :

- Celle de l'extérieur, donnée par les autres.

- Celle de l'intérieur qui lui est propre ; car ce qui est bon pour lui ne l'est pas forcément pour les autres : voisin, entourage, compagne, compagnon, enfant, même s'ils partagent les mêmes croyances et sont convaincus des mêmes devoirs.

Chacun est unique et l' ADN le confirme sur le plan scientifique. Il en est de même pour l'esprit qui nourrit l'âme qui **seule,** vient et repart, enrichie ou déçue selon le corps qu'elle a emprunté et la réussite ou non de son contrat.

Acteur mon petit, saches *que quelquefois le manque de décisions t'a retardé* en *te renvoyant d'idée en idée,* et que tu as commis beaucoup de maladresses le temps d'apprendre. Tu aurais pu avoir un autre destin.

Regarde tous les enfants au troisième rang à droite. Ils représentent toutes les vies que tu as volontairement écourtées par ton opiniâtreté et tes mauvais choix. J'étais là en toi et tu ne m'écoutais pas, malgré les signes que je t'envoyais dans ton sommeil. Car le plus souvent tu étais persuadé de bien faire.

L'amour familial est fait de devoirs et de sentiments qui s'acceptent dans le respect mutuel, et l'entraide est naturelle. Lorsque l'honneur est engagé, il y a des litiges qui peuvent amener à écourter sa vie pour ne pas perdre la face ; *et* ce *fut ton cas.* Regarde-les, ils expriment le regret dans ta pensée

Il en est de même pour les familles spirituelles qui échangent et partagent les mêmes bases intérieures, même si certains aspects extérieurs des uns ou des autres sont irritants. Toi, tu as souvent commis l'irréparable au nom d'une cause ou pour un parti, sans avoir réfléchi aux conséquences.

**Les guerres de religion sont les pires car elles ne relèvent d'aucune justice ou d'aucune logique si ce n'est de satisfaire l'animal qui sommeille dans l'être humain, qui alors régresse au lieu d'évoluer en se laissant entraîner dans des expériences inutiles.**

En évitant ce type d'expériences, l'Homme nouveau franchit une étape et se projette de lui-même dans une autre conscience déjà connue de son inconscient. Il vit pour la première fois dans la découverte de ce changement. Il doit accepter cette nouvelle forme-pensée qui le fait évoluer par l'esprit car il abandonne ses instincts guerriers et primitifs.

La vie est une découverte journalière et celui qui a compris son sens aime ces nouvelles libertés, accepte les changements et la progression. Il utilise d'autres vibrations énergétiques qu'il émet et reçoit.

Il doit s'adapter à ce changement avec confiance, car l'âme n'a jamais abandonné ses « vies terrestres », même s'ils se sont détournés d'elle pour vivre quelques expériences nouvelles. Ce que l'esprit supérieur a acquis, il le conserve dans sa mémoire cellulaire à l'intérieur de sa conscience. Il saura l'utiliser lors de son prochain séjour terrestre.

En te libérant de tes instincts primitifs, tu as développé ton intuition et aujourd'hui tu as accepté de m'écouter et tu as gagné beaucoup de vies inutiles. Ta progression s'opèrera si nous te rejoignons dans la fusion totale.

*Ecoute petite voix, je suis désolé*
*Pour ce passé désastreux,*
*Et je ne demande pas mieux*
*Que de vous accorder l'Hospitalité à tous*
*Et de retrouver mon origine.*
*Comment dois-je m'y prendre ?*

Oh mon petit, **pourquoi ce qui est si simple devient-il si compliqué pour l'être humain ?**

Certes tu as une enveloppe charnelle lourde et dense et ce corps palpable est le plus encombrant pour nous rejoindre. Seul ton esprit m'accorde de l'attention quand tu es détendu, que tu as confiance et que tu as évincé toutes peurs. Ensuite les peurs et les doutes reviennent rapidement, dès le premier obstacle !

Pour arriver à bien vivre l'état de paix dans l'Hospitalité tu dois retrouver ton regard neuf d'enfant de moins de sept jours, et être comme le nourrisson physiquement fragile, qui a en lui toute la mémoire de son origine et de son passé.

Cet enfant-là ne parle pas et son regard est vague, pourtant à l'extérieur :

- il enregistre tout avec ses instincts originels

- il capte les sons et les odeurs

-     il fait entièrement confiance à celui ou celle qui le prend dans ses bras, et reconnaît ses parents biologiques.

A l'intérieur son être est encore relié aux entités qui le guident. Il ne se laisse pas perturber par ce qui se passe autour de lui.

Physiquement il est très vulnérable alors que psychiquement il n'a aucun doute et ne connaît pas la peur. C'est cet état de pureté et de simplicité que tu dois retrouver par la confiance en suivant tes instincts qui te conduiront jusqu'à obtenir de réelles convictions.

Elles t'amèneront vers la foi en toi et en l'Eternel qui vit en toi par ta cellule divine. Tu pourras alors connaître l'état de passion et retrouver ta lumière pour vivre avec ta conscience supérieure qui ne t'a jamais quitté.

Tu vois, c'est simple, il faut seulement le vouloir, y croire et accepter d'être guidé. Maintenant tu sais que tu n'es pas seul car tu nous as vus avec les yeux de l'esprit. Tu es sur le bon chemin et l'unique route, puisque tu as définitivement abandonné les nombreux sentiers de recherche. La suite n'est qu'une question de temps et d'intensité.

Rappelle-toi, quand tu étais enfant et que tu avais moins de sept ans, tu disais à tes parents que tu voyais des personnages dans ta chambre et qu'ils te racontaient des histoires. Ils étaient bien réels, ta maman te couchait en disant que tu ferais un bon comédien plus tard.

T'en souviens-tu ?

*Oh oui, cela me revient à présent*
*C'est très flou dans ma mémoire !*

Eh bien, à cette époque ta mémoire cellulaire était très active et sans le savoir, tu étais médium en étant à l'écoute de ta sensibilité. Ton regard était celui de l'esprit et tu étais transparent. La flamme habitait ton centre et tu n'étais qu'une lumière coupée de son passé négatif pour pouvoir vivre ta nouvelle page blanche sans aucune influence. **C'est cela le libre-arbitre.**

Rien n'est figé ou décidé, tout peut changer avec la volonté d'agir si tu as retrouvé la foi.

***Offre l'Hospitalité aux Saintes Ecritures dans leur ensemble (Torah, Coran, Bible),*** sans être séparatiste ni juge, car ce qui est le plus important ce n'est pas l'écrit, c'est le contenu et tu seras protégé par l'énergie universelle qui est au-dessus de toute séparation. Les anges et les saints viendront habiter ton cœur et tu ne connaîtras plus le doute. Ce rassemblement des saintes écritures apporte la paix du cœur et de l'esprit.

Aucun esprit du bas astral (qui vole les territoires isolés et affaiblis), qui se nourrit du désespoir et du malheur, ne pourra t'entraîner dans la haine et dans l'ombre de la vie. Le mal n'existe que si tu l'évoques. Le passé l'a inventé pour punir et inquiéter, ***le présent en*** *subit encore dans le doute, les conséquences des superstitions et des fausses croyances.*

L'inconscient collectif se libère doucement par chaque personne individuelle qui connaît la paix intérieure et qui régénère son entourage par l'intensité de sa lumière retrouvée. Tu as un réel pouvoir à l'intérieur de toi et si tu en fais bon usage en utilisant la bonne cause et en épousant les libertés pour tous. Ton être fera sauter toutes les barrières encore existantes et les oppressions ne t'atteindront plus. Le plus beau cadeau que tu as reçu c'est la vie et c'est l'Eternel qui te l'a offert avec la complicité de tes parents.

Aucun être humain n'a le droit de te l'ôter car personne n'est ici sur Terre sans raison. Il faut défendre la vie et les droits de tous les êtres vivants sur Terre et dans l'eau. Vous partagez la même terre nourricière qui vous accueille pendant votre séjour. N'oublie pas Acteur, que tu n'es *que* **de passage,** *comme* **tous ! Considère-toi en union avec l'Univers et toujours en invité.**

Il faut rétablir d'urgence la loi de l'Hospitalité avec tous les principes divins en dehors de tout dogme, de toute obédience. A l'intérieur de chaque âme il y a le bien et l'œuvre universelle. Chacun doit faire une demande individuelle pour contribuer à étendre la liberté et aider à l'élévation du champ vibratoire de toute la Planète.

La parole est faible et ne sert à rien, seul le langage du cœur a une force et une réelle puissance d'action. Aussi ne te décourage pas et tu connaîtras la joie de l'unité dans l'amour universel comme beaucoup d'êtres la connaissent déjà. Et comme disais mère Térésa, celle que tu connais actuellement :

« La vie est une chance, saisis-la,
La vie est beauté, admire-la,
La vie est béatitude, savoure-la,
La vie est un rêve, fais-en une réalité,

La vie est un défi, fais-lui face,
La vie est un devoir, accomplis-le,
La vie est un jeu, joue-le,
La vie est précieuse, prends en soin,
La vie est une richesse, conserve-la,
La vie est amour, jouis-en,
La vie est un mystère, perce-le,
La vie est promesse, remplis-la,
La vie est tristesse, surmonte-la,
La vie est un hymne, chante-le,
La vie est un combat, accepte-le,
La vie est une tragédie, prends-la à bras le corps,
La vie est une aventure, ose-la,
La vie est un bonheur, mérite-le,
La vie est la vie, défends-la ».

Son corps n'est plus là physiquement pour s'exprimer, seule son âme, accompagne et guide les êtres de lumière comme tous ceux qui ont contribué à votre liberté.

Elle continue à aider et élever le taux vibratoire de toute le Planète.

Elle œuvre toujours dans l'invisible pour le bien de toute l'humanité.

Elle continue par son amour profond pour l'être humain et par la passion qui l'anime à diffuser ses messages par le canal énergétique universel. Ainsi chacun peut à tous moments s'imprégner de ses bienfaits par ses propres vibrations.

Le langage de cœur est énergétiquement pur, la parole ne fait que diriger sa pensée.

*Merci petite voix, cet exemple est parfait*
*Et je comprends bien à présent le sens de la*
*VIE !*

Cher Acteur, tu es avec tes frères et sœurs entré dans le « zéro » qui représente pour certains l'infini. Toi tu peux le définir en considérant que tu es libre de tes choix et de tes actions. Le zéro est comme le symbole d'un anneau sans fin, et mettre le doigt dans l'anneau, c'est s'unir à la Trinité. En effet, il y a dans le cercle un triangle énergétique qui est un pacte d'alliance entre le cercle, la Terre et le divin.

Acteur saches, que la Terre est unie au système solaire et que tout l'Univers est un groupe. Rien n'est isolé dans la galaxie. La Terre est la planète des MUTATIONS. Certains d'entre vous pensent être les maîtres du monde et ne s'informent pas des lois divines et universelles ; **_ils croient tout détenir !_**

Jésus le Christ a laissé des messages codés et aujourd'hui leur sens est plus clair pour la plupart d'entre vous : **la transparence et la limpidité de ton esprit feront la différence.**

Rappelle-toi :

« Celui qui a tout n'a rien, celui qui n'a Rien, reçoit tout et connaîtra la maison de mon Père ».

Alors soit chanceux de ne rien posséder physiquement, car tout t'appartient déjà par l'esprit. La possession apporte la peur de perdre ou de manquer.

L'individu qui possède s'accroche aux biens matériels et vit avec de faux dieux, _l'argent et le pouvoir,_ et il n'en a jamais assez. Plus il a et plus il veut, et plus il devient avide. Le but de sa vie étant déformé à l'intérieur, il s'isole et s'éloigne des valeurs trinitaires et de passage.

Il a offert l'Hospitalité au capitalisme ! Et pourtant personne n'a emmené ses biens terrestres au moment du dernier départ ! Il n'est pas rare que la peur de mourir amène l'individu à demander pardon au dernier moment.

Il aura mis une vie entière pour prononcer et comprendre un mot : « pardon ». Il lui aura fallu vivre une vie pour découvrir que l'argent ne l'a pas aidé.

***L'amour irrationnel, la charité, la compassion se vivent à l'intérieur de soi*** et quand toi et tes semblables vous réagirez à ces mots en vibrations énergétiques, tous les esprits s'uniront en vous tous pour se fondre dans l'âme universelle du Grand Tout avec plus de dévotion et d'humilité, et toute l'humanité franchira une porte.

**La loi de l'Hospitalité ouvre sept portes à l'intérieur et à l'extérieur de chacun.** Toi et tes frères et sœurs, vous en êtes le passe-partout, si vous êtes prêt à abandonner votre ignorance, vos faiblesses et si vous savez prendre les bonnes décisions au bon moment.

Dieu a offert le libre-arbitre sur Terre avec l'Arbre de Vie et l'Arbre de la Connaissance et ne reste ignorant que celui qui le veut bien. Quand tous les êtres humains sauront lire et écrire, ils deviendront indépendants et comprendront qu'ils sont responsables d'eux-mêmes et de leur descendance.

***L'Homme a inventé les tabous et les péchés pour asservir ses semblables et le temps est venu de réparer ces mensonges.*** Tout être humain a au fond de lui une flamme qui l'anime. Il fui suffit de l'évoquer pour faire la plus belle prière silencieuse. Les mots n'ont pas besoin d'être prononcés, les sentiments suffisent et ils ne trompent pas l'esprit.

Tout être vivant a un instinct. Si ses convictions sont sincères, l'être humain même affaibli peut s'en sortir, car elles mènent vers la foi. Il faut croire en Soi et en sa force intérieure, se dire qu'avant, à un autre moment du lointain passé, personne n'était prisonnier.

Cher Acteur, retrouve la flamme qui ne t'a jamais quitté car ton salut en dépend. Tu dois commencer seul ton chemin pour retrouver tes repères sur ton origine, avec nous tous à l'intérieur de toi.

Ensuite tu rencontreras sur ta route ceux qui l'accompagneront dans ta quête. Tu dois avancer à ton rythme avec tes ressentis personnels et ne pas te laisser impressionner ou influencer par ton entourage.

Ce qui fait la différence entre un animal et un être humain, c'est son esprit qui se nourrit de pensées. Quand l'être humain ne pense pas, son cerveau s'atrophie, et s'il n'a pas de vie spirituelle, son vécu n'a plus de sens profond car il n'utilise que la vie animale stockée dans ses cellules.

L'effort est nécessaire pour ouvrir les canaux énergétiques de réception, car vous êtes tous des émetteurs et récepteurs, même si vous utilisez des programmes différents selon le degré de votre évolution. Il faut être en demande pour recevoir les informations.

Celui qui refuse l'évolution se condamne et se limite en fermant son cœur à plus grand et plus important que lui. Personne n'est seul, l'accompagnement est à plusieurs degrés et seule la loi de l'Hospitalité apporte un réel échange entre le haut et le bas, entre le rationnel et l' irrationnel. Elle amène à ne plus se contenter de vivre dans la superficialité et à la périphérie de soi-même.

Attente et patience sont des mots qui s'acheminent vers la vieillesse, surtout la sagesse ; et la jeunesse aussi doit savoir être patiente ! Il faut du temps pour intégrer une nouvelle forme pensée et pour la vivre au quotidien car il faut la ressentir de l'intérieur. La foi naissante doit être alimentée quotidiennement comme le corps et les rituels aident à prendre cette habitude. Au début, quelques minutes suffisent puis sans même le vouloir ni te rendre compte, tu deviendras demandeur.

La spiritualité est ineffable et sans fin et chacun y trouve en quantité de quoi combler ses besoins. L'esprit sait prendre ce dont il a besoin selon l'étape où il est.

La seule obligation est de rester « vrai » et authentique avec ses pensées et ses sentiments. Être toujours sincère dans sa conscience. Inutile *d'en* faire trop et de vivre à l'extrême, car trop de positif peut devenir négatif et finir par nuire. La voie du milieu est difficile à conserver et pourtant il ne faut pas la quitter pour rester en équilibre avec son centre énergétique. Si tu te laisses entraîner vers le haut comme vers le bas, tu n'es plus à la bonne place et tu te laisses pousser par une autre vibration.

L'essentiel est d'écouter, de regarder, d'utiliser tous tes sens, de ressentir tout en restant toujours égal à toi-même et de le rester à tous moments pour ne pas ressentir de déperdition d'énergie émotionnelle, ce qui te rendrais fragile et vulnérable.

**Tout s'apprend** et tu peux si tu veux apprendre à écouter ta conscience dans ton silence :

- En t'accordant des moments de répit avec toi-même et en vivant la complicité intérieure avec ton esprit.

- En te <u>resituant</u> et en <u>recentrant</u> tes énergies vitales, tu te sentiras complet et tu pourras aller à la découverte de toi-même et de ce que tu es capable de vivre.

Tu constateras alors et accepteras cette réalité : **tu es unique.**

Dans <u>la renaissance</u> de cet homme nouveau que tu deviendras, tu dégageras une force intérieure qui te conduira vers des changements et des horizons nouveaux, et tu seras surpris de tes possibilités. Quand tu retrouveras ta lumière, tu comprendras qu'elle ne t'a jamais quitté. C'est ton regard intérieur qui l'avait mise de côté en se détournant de cette réalité.

Et c'est ainsi que tu retrouveras *Dieu* à l'intérieur de Toi, vivant et omniprésent à tout instant dans ta vie de tous les jours, nourrissant tes milliards de cellules.

En fêtant ces retrouvailles, tu n'auras plus besoin de rien car tu vivras la Présence et tu comprendras que tu fais partie du Grand Tout. Tu n'auras plus besoin de croire en Dieu car il t'habitera, il sera vivant en Toi. Ta vie prendra un nouveau sens et tu t'ouvriras à des orientations universelles. Tu comprendras que les autres sont aussi des parties de ce Grand Tout, et **tu** pardonneras. Tu deviendras tolérant et indulgent en détenant le grand secret de la vie.

Acteur, saches que rétablir la loi de l'Hospitalité à l'intérieur de Toi, te fera quitter toute la dualité qui t'habite depuis longtemps. Il te faudra vivre autrement avec la Trinité et oublier ton ancien mode de vie.

Il y a plusieurs lois fondamentales dont trois sont essentielles :

- **La loi de l'Hospitalité,** oubliée lorsque la transmission orale de la Tradition a été remplacée par l'écrit. **Ce *transfert a laissé de côté un certain nombre de messages.***

- **La loi de Cause à Effet** qui implique une responsabilité active et totale et ***dont l'agent a été oublié, cet agent est le Soi intime.***

**La loi du Karma** car on récolte ce qu'on a semé ; ***et souvent on oublie de ressemer pour la moisson future qui ne s'obtient qu'en passant par le pardon et la miséricorde.***

Ces trois lois forment à leur tour une grande Trinité qui aidera à faire un grand pas vers **LA LOI DE L'UNITE.**

*Chère petite voix, c'est très juste !*
*J'ignorais le cadeau divin*
*Et ne me posais aucune question*
*Sur la création.*
*Je pensais que la spiritualité*
*Et la religion étaient unies*
*Et dans le doute j'ai tout refusé.*


Oh cher acteur, si tu doutes encore en enfermant la clé de ta liberté, c'est que tu as préféré étudier les symboles et les paraboles, et recréer un dieu vengeur intermédiaire plus près de l'humain, plutôt que d'accepter que tu sois son représentant dans l'amour et la lumière. Et tu préfères tout compliquer en cherchant à dénouer une énigme ou à percer un secret qui n'a rien de secret ! Tu as tout reçu dans la création et tu cherches désespérément ce que tu as déjà, au plus profond à l'intérieur de toi.


*Oh non petite voix,*
*Avant que tu ne te manifestes*
*J'étais ignorant.*
*A présent je comprends.*
*Je dois retourner à mon origine*
*Pour récupérer les morceaux*
*De mon histoire oubliée*
*Ce que tu appelles **HERITAGE !***

Oui, avant de te perdre dans des égrégores et des formes-pensées compliqués, il faut vivre dans le futur d'un temps nouveau. Tu ne dois pas oublier l'étape du milieu et il te faut accepter de vivre dans un présent constant. L'histoire de l'humanité est riche en souvenirs depuis la genèse. Chacun a laissé des traces, témoins de son passage, et le labyrinthe est immense pour celui qui veut chercher !

La quête du trésor caché est à l'intérieur de toi. Chacun en possède un fragment et personne n'est un Tout. Plusieurs personnes assemblées ne constituent pas non plus le Tout ! Elles créent simplement une synergie puissante de groupe. Il y a ainsi de bons groupes, et aussi de mauvais groupes. L'histoire de l'humanité est remplie de groupements qui se prenaient pour le Créateur lui-même se laissant entraîner à des bas instincts dominateurs. Pour mieux diviser et semer le trouble, ils ont inventé tous les blocages que tu ressens ENCORE AUJOURD'HUI.

La mascarade a été révélée dans votre siècle actuel par des libérateurs d'avant-garde qui ont aidé à faire basculer les énergies négatives collectives vers la croyance des libres penseurs.

Cela ne veut pas dire qu'il faut abandonner « les Ecritures Saintes ». La cohabitation doit exister pour protéger la liberté de penser. Chacun s'en nourrira et s'en inspirera selon son libre-arbitre, ce cadeau a été fait à l'Homme depuis bien longtemps. La pensée des « messagers » ne doit pas servir pour des conflits entre les frères et les sœurs.

Vous devez tous apprendre à vous unir dans l'AMOUR et le bien-être pour atteindre l'ultime sagesse.

L'homme est uni à Dieu en premières noces. Il a reçu en cadeau l'Arbre de Vie en même temps que la liberté de son libre-arbitre.

*Oh petite voix, je vais te décevoir,*
*J'ai la foi en l'Esprit divin*
*Et pourtant je ne me sens pas religieux*
*Je refuse les dogmes dans leur ensemble*
*Tout en acceptant d'être l'enfant*
*De la création !*

Tu as raison Acteur, la foi est libre et libérée de toutes contraintes imposées. Ton époque en a fini avec la dualité séparatiste, et le nouveau cycle que vous appelez « l'Ere du Verseau » apporte un nouveau souffle.

Il vous fallut près de deux mille ans pour comprendre toutes vos maladresses et des milliers d'êtres sont morts pour défendre vos libertés. Ils n'ont pas disparu en vain puisqu'ils ont laissé derrière eux des écrits, des enseignements, et que d'autres ont pris leur relais. Ces minorités ont fini par gagner, car le temps ne compte pas. Qu'on le gaspille ou qu'on l'utilise au mieux, il s'écoule de la même façon et ne s'arrête pas.

**Lire un manuscrit, ou la Thora, ou la Bible, ou le Coran sans avoir de convictions réelles n'apporte pas la foi, n'enlève pas le doute et ne vous donne pas de certitudes. Tous ces écrits saints sont porteurs de vérité et de sagesse. Celui qui sait les découvrir avec les yeux de l'esprit y trouve des messages et « des trésors » :**

**- La Thora apporte la Loi rigide et juste.**

**- La bible apporte l'amour inconditionnel et fusionnel qui conduit à la compassion,**

**- Le Coran apporte le pardon, le repentir et la miséricorde, ainsi que l'hygiène du corps et de l'esprit.**

Ces trois mouvements *sont indivisibles* pour une humanité vivante et en marche vers la liberté.

L'islam est bien la dernière révélation de ce cycle finissant de l'humanité. Le Coran est empreint de la miséricorde qui annonce l'émergence du féminin dans le monde à venir. *Vous ne pouvez pas vivre sans lois, sans amour, sans pardon et sans la Présence.* Dans toutes les civilisations, dans toutes les cultures, dans toutes les religions, vous vous regroupez et vous apprenez à communiquer.

Tous les croyants, quel que soit l'origine de leur groupe, ont la même foi, et ils ont tous le même défaut : ils ne regardent pas chez leurs voisins. Ils vivent en groupes, dans leurs croyances, autour des mêmes écrits et ne cherchent pas à en savoir plus. Ils mettent de côté les autres connaissances, ne se sentant pas concernés par leur étude.

Pourtant ils servent le même Dieu (ou se servent-ils de Lui). Ils reconnaissent qu'il est omniprésent, qu'il n'a pas de bannières et qu'il est le même pour tous (seul le nom qu'on lui donne change). Qui a raison et Qui a pu voir son visage ?

Cependant ils continuent à rester isolés attendant toujours que *ce* soient les autres qui viennent vers eux, et parfois quand cela arrive, ils les rejettent. Quand ils font, ce geste hospitalier, ils pensent détenir l'unique vérité et l'unique savoir.

**Celui qui ne reconnait pas son semblable (quel que soit son étiquette ou son identité) n'a pas le droit de prononcer le nom de Dieu, « UNIQUE » sans impliquer son âme.**

La foi vient du fond des entrailles de chaque être animé et c'est dans la simplicité qu'elle s'exprime. La foi est un baume cicatrisant qui amène la paix et la clarté.

La foi associée à la patience apporte la passion qui permet de retrouver la lumière. Tu vois Acteur, c'est simple quand on ne s'égare pas sur tous les sentiers proposés. Une seule route mène à la Présence.

« Y a-t-il une différence ou une indifférence sur l'hospitalité quand on parle de Dieu en évoquant la

Génèse, le Thora, la Bible ou le Coran ? !  ... » *(qui est en droit de se permettre de condamner avant de juger ou de juger par rapport à la condamnation).*

Saches qu'il n'y a qu'un seul ordre divin par univers *même si la science commence à émettre l'hypothèse de plusieurs univers.*

## Acte III

### Retrouvailles


L'acteur s'effondre en larmes, à genoux sur les planches, les bras en croix et demande pardon à chacun des spectateurs présents. Il dit d'une voix solennelle et sûre :

*« En mon âme et conscience, par la loi de l'Hospitalité, je souhaite et je désire du plus profond de mon être, que vous intégriez ma personne tous sans exception, jusqu'à mon dernier essai de vie.*

*Je suis désolé de mon comportement passé. Il ne se reproduira plus car je sais maintenant qui je suis et d'où je viens. Je veux désormais vivre dans le sacre de ma pensée.*

*Je veux renaître â cet instant même dans ce corps présent et devenir le metteur en scène de ma vie. Je sais que tu continueras à me guider à l'intérieur de moi, petite voix et je t'invite à reprendre la place qui t'est destinée dans mon esprit. Je te remercie de m'avoir mis dans l'éveil.*

*Mon long endormissement m'a engourdi. Je vais vous faire assister à ma dernière représentation. »*

L'Acteur se relève. Il court ouvrir les portes extérieures du théâtre et se met à parler :

*« Entrez mesdames et messieurs, ce soir est mon dernier soir d'acteur et je mets en place ma grande première. **Venez tous** assister à l'histoire fabuleuse de la réelle vie et venez assister au rétablissement de la loi de l'Hospitalité ».*

Pendant que le théâtre se remplit dans un silence circonstancié, l'acteur ouvre les bras au milieu de la piste et tous les occupants de son esprit, visibles pour lui, invisibles pour la foule, s'intègrent un à un dans son personnage.

Cette communion « bénie » dégagea autour de lui de plus en plus de lumière et de clarté. Après un moment de silence il se retrouve en habit d'or.

D'une voix puissante il salue son public, qui l'applaudit et se met à parler avec gravité :

« Nous sommes tous devenus des clowns du grand chapiteau de la vie, tantôt rieurs et farceurs, tantôt graves ou tristes. Il en sera ainsi tant que nous n'aurons pas retrouvé la route du milieu, celle qui conduit à l'éveil et qui donne un sens réel à notre existence.

Nous sommes tous des personnes aveugles aux yeux de cristal, et le resterons tant que notre esprit sera fermé à la clarté. N'est aveugle que celui qui ne veut pas voir, a dit la petite voix, et je vous offre son écho. L'esprit n'a qu'un seul œil et voit tout et loin, plus haut que le chapiteau de la vie. Votre habit de clown s'évanouira en traversant les rayons de lumière et seul restera votre vêtement de cristal qui supporte la chaleur.

Nous avons tous un trésor intérieur à découvrir, même si nos habits de chair ne sont habillés que des guenilles. Ni le lieu, ni la famille, ni la religion ne vous serons d'aucun secours.

Seule notre conscience peut nous conduire à cette richesse. Le trésor est à la porte de chacun d'entre nous, car étant tous frères et sœurs, nous avons reçu le même héritage : grain de sable ou goutte d'eau, nous sortons tous du ventre de notre mère.

Nous avons tous un lien sacré H20 (H / F appartenant à l'infini), même si *en* cette fin de cycle, le potentiel de tous les êtres humains de la Planète est différent. Nous devons apprendre à nous découvrir et à bien vivre ensemble.

***En effet, quel que soit la date de notre calendrier religieux ou républicain, nous atteignons la fin d'un cycle de deux cent mille ans qui réglera notre horloge commune à tous sans exception.***

La vie extérieure influence, choisit, impose des changements. A l'intérieur de nous-même, il y a une autre vie, totalement indépendante et libre comme celle du premier jour où notre âme a reçu les sept sacs de blé (rappelez-vous l'histoire des moissonneurs).

Notre Créateur a tout prévu pour que nous ne manquions de rien sur cet astre bleu et vert. Il nous a offert « le **meilleur** », des paysages différents pour ne pas nous lasser, une faune riche et variée, une flore multicolore et des grands espaces à domestiquer pour apprendre ensemble et comprendre, sans oublier toute la richesse des sols et des sous-sols.

***Aujourd'hui, beaucoup d'êtres ont été envahis par l'extérieur et ignorent même la possible existence d'une vie intérieure.***

Certains savent, et préfèrent rester aveugles en souffrant inutilement.

D'autres savent et connaissent cette richesse, et préfèrent l'enfermer pour la vivre en secret, obligeant d'autres à se mettre en communauté pour profiter de ces cadeaux.

Les autres enfin, privés de lumière, emprisonnent les brebis égarées dans une prison mentale de l'esprit

« sans barreaux » où le mental inférieur guide les forces innocentes et faibles.

L'injustice est parmi nous, partout sur notre planète. Nous avons des voleurs et des volés, des dictateurs et des faibles, des riches et des pauvres, des êtres heureux et d'autres malheureux.

Pourtant, quel que soit l'état extérieur de l'individu et la somme de ce qu'il a autour de lui, ce qui compte c'est l'état de sa foi et la puissance de ses convictions à l'intérieur de son être profond. Plus sa pureté s'approche de l'origine et de son instinct, plus il a une chance d'aller plus loin dans l'éveil et connaître une autre vie plus élevée et plus riche sans être obligé de quitter le plan terrestre.

Il y a deux mondes mis à notre disposition, l'un visible par tous, l'autre est transparent et pour en profiter il faut être invisible « transparent » à son tour et devenir un exemple pour son entourage.

Un modèle d'équilibre, en vivant constamment sur la voie du milieu et de l'harmonie, conscient que trop de positif peut finir par nuire et même devenir négatif. **En effet, si on vit à l'extrême, on quitte son intégrité et on se place en juge, on s'implique et on perd toute impartialité.**

La foi n'appartient qu'à l'Homme avec « H » majuscule (homme et femme de bonne volonté). Elle est personnelle. Elle ne s'achète pas et n'appartenant à aucune classe sociale, *elle ne se négocie pas.*

Elle est libre et ne se retrouve que par notre conscience après qu'elle se soit dépouillée et débarrassée des fausses valeurs imposées par le temps et notre histoire. *Si elle s'associe c'est qu'elle le veut bien.*

**<u>L'ennemi de la foi et de l'Homme est le doute. Une foi libre libère et dissipe ce doute. Le chemin est long et les fragments de doutes empoisonnent encore nos existences d'humains. La Connaissance doit remplacer l'ignorance répandue</u>**.

Le doute se domestique en employant :

- un langage juste et non dualisé
- des attitudes franches et honnêtes
- la décomposition de nos actes quotidiens pour mieux les vivre,
- l'écoute des autres en toute liberté, en refusant toute union ou pacte avec un groupement qui restreint cette liberté,
- l'intégrité avec soi-même et les autres,
- la découverte de chaque jour dans sa totalité *sans* jugement
- la confiance vis à vis de soi-même et des autres tout en restant vigilant,
- la pratique du discernement pour éviter les déboires et les débordements,
- le refus du mensonge tant vis à vis de soi-même que des autres, pour préserver sa liberté,
- la prise de responsabilités face aux autres pour ne pas être victime du non-choix,
- la maîtrise de ses actes et de sa vie pour ne pas être ballotté par son humeur ou au gré d'un hasard qui n'existe pas,
- la volonté et le pouvoir positif tout en restant humble et modeste car le Savoir est simple,
- le respect des autres pour ne rien leur imposer à nouveau,
- l'accompagnement conscient de chaque acte pour rester l'enfant divin. Maintenir le lien entre le Ciel et la Terre, avec la possibilité de redevenir un pont soi-même et de recevoir en direct, dans la matière, tout

l'amour inconditionnel sans intermédiaire, *directement du Cosmos.*

**Ainsi le doute n'existe plus. N'existe plus non plus la peur de mourir qui entraîne toutes les autres peurs de l'être humain, notamment celles de perdre un être cher, ou tous ses biens matériels.**

En élevant sa conscience et en n'ayant plus de doute, on équilibre et on libère une partie importante de soi. Les changements peuvent alors arriver très vite car notre pensée est plus rapide que la lumière.

La peur de mourir ou de voir partir ceux qui nous sont chers, est une immense souffrance quand on n'a plus la foi ; car on ne sait pas que la mort n'existe pas. Une partie vivante de nous est immortelle et se réactive à chacun de vos passages terrestres. Même quand le corps n'est plus, nous côtoyons des milliers d'autres êtres dans l'invisible.

Sur ce sujet, la philosophie hindoue est plus explicite que les autres car elle ne revêt pas un caractère religieux.
Elle nous parle de **renaissance,** la mort étant là dès le début de la vie, avant le spermatozoïde et l'ovule, avant la fécondation, avant l'union, avant le nouveau-né.

L'être vit un cycle et repart finir sa mutation. Il quitte le plan charnel et ce n'est qu'un manteau usé et fatigué par une vie bien remplie et riche de contacts, qui est déposé dans la tombe. Le défunt est accompagné dans la joie et la bonne humeur et reste vivant pour toujours dans la mémoire et le cœur de ceux qui sont encore sur Terre.

L'amour, qui nous lie les l'uns les autres, est éternel dans la partie immortelle de l'âme.

C'est pour cela qu'il faut citer et évoquer nos défunts ; la mémoire les réanime et les rend présents et même actifs quand la peur est dépassée. Certains reviennent nous voir en songe pour nous aider à continuer notre route ou pour enrichir notre potentiel.

L'important de notre venue ici, sur la Terre, est de nous améliorer au contact des autres. La vie est personnelle.

Nous devons nous accompagner, nous aider et nous entourer ; *il faut arrêter de nous sacrifier et de nous faire souffrir inutilement.*

Les tabous, les superstitions, les doutes, les regrets, les remords, les fausses croyances diminuent nos possibilités. Ils nous conditionnent et nous soumettent à de fausses valeurs, ce qui nous éloigne de notre mission réelle.

La peur de manquer bloque le mental, et l'esprit préoccupé est interpellé ailleurs, loin de la vraie vie. L'esprit cherche un trésor extérieur, et s'il croit en avoir trouvé un, il n'est plus jamais au repos, il s'invente des valeurs, suit des prédateurs, des gourous oubliant l'essentiel et perdant ses racines, ses repères.

Il crée un demi-dieu, il réclame le veau d'or. Il s'enferme et s'isole loin, très loin de son âme. **Il se coupe de l'essentiel et de son essence divine dans l'ignorance.**

Pourtant, une fois desséché, son sac d'os rejoindra celui des autres et servira lui aussi à enrichir la Terre. Les cimetières sont remplis de personnes qui auraient voulu vivre une vie d'amour, dont le fruit privé d'eau s'est desséché, et dont l'âme a régressé.

Profiter de trop de richesses terrestres peut appauvrir l'esprit si la vraie spiritualité n'est pas retrouvée, c'est mathématique ! La vraie richesse et la réelle justice sont à l'intérieur de nous, (++= -).

Nous émettons des vibrations ainsi que ce qui nous entoure. Les pierres et les cristaux sont des relais énergétiques de ces vibrations car ils sont restés purs et aident l'Homme à se relier aux énergies de la Terre.

Nous pouvons les utiliser à des fins thérapeutiques, car les minéraux ont différentes forces d'action et sont aussi des compléments énergétiques puissants quand ils sont accompagnés de notre conviction et de notre sagesse.

De l'oral à l'écrit, je rends hommage à toutes les civilisations qui ont contribué à notre liberté actuelle et à l'avancement spirituel de notre Planète. Les cultures disparues sont inscrites en nous et dans l'énergie spirituelle de la Terre. Elles remontent jusqu'à nous dans le présent, venant du silence du passé.

***Nous souffrons de notre ignorance ; nous souffrons du manque de connaissance de notre vraie nature et de notre vie intérieure au plus profond de notre esprit, au-delà de la plus petite étincelle de pensée.***

« Si le Christ né juif avait été écouté et reconnu de son vivant et de son temps par **TOUS,** le christianisme ne serait pas né et la religion universelle aurait vu le jour plus tôt.

Le même schéma se reproduit inlassablement depuis toujours, les opprimés se regroupent et forment un clan, un groupe d'individus qui devient fort car ils y mettent *tout leur cœur martyrisé,* et recréé sans le savoir un égrégore de puissance.

Ils ont une foi invincible et se placent en « *victimes* » face à l'oppresseur qui finit par capituler par faiblesse, et qui lâche-prise devant tant d'acharnement à vouloir rester libres. Les vies humaines qui ont accepté de mourir pour une cause ne se comptent plus!

Une fois libres et leur joie passée, ceux qui étaient faibles recréent une structure pour que le groupe continue à vivre ensemble. Ils commencent à commettre eux aussi d'autres maladresses. Etant devenus forts et puissants à leur tour, ils ont tendance à imposer leur pouvoir aux autres.

Ils édictent de nouvelles lois et prennent des mesures quelque fois encore plus rigides et plus sévères que les précédentes.

*L'histoire de notre humanité est remplie de fausses libertés, de fausses croyances et de modèles décevants.*

Le Christ a été bafoué dans ses idées, et ses paroles ont été déformées, Les autorités religieuses se sont octroyé le droit de rajouter sciemment certaines lois, de convertir des paroles d'amour et de compassion. Avec le temps la réalité a été transformée.

***Jésus était intègre, intégral et pur dans ses intentions. Il était seul face aux sages qui voulaient imposer leur hiérarchie et leur pouvoir. Le peuple divisé était de nouveau corrompu et le messager, volontairement issu d'une famille pauvre, de la lignée de David, devait apporter à toutes les communautés en place l'Amour et ouvrir la voie de CHRISTOS en accord avec ETERNEL à l'être humain, pour son avancement ,***

L'humanité avait expérimenté les lois, et pouvait faire le choix du bien et du mal grâce au libre-arbitre donné à Adam et Eve.

Depuis Moïse, et les douze tribus, l'humanité s'est dispersée et des chefs avaient été nommés pour chaque groupe. Certains avaient troqué leur foi en Dieu contre l'adoration du veau d'or, <u>à nouveau.</u> Loin du modèle d'origine, ils préféraient inventer des demi-dieux, divulguer de fausses croyances, des superstitions qu'ils imposèrent avec le temps. L'information étant uniquement orale.

Si le chef était juste, le groupe recevait une bonne information. Cependant, s'il avait choisi le veau d'or, toute la communauté suivait ce mauvais chemin.

Jésus avait reçu la mission de rassembler toutes ces communautés « dites fraternelles ». Sa mission était lourde et l'ignorance des masses immense ! Il a laissé des paraboles et des messages à ses disciples et ses apôtres car il savait qu'il serait trahi.

La vérité dérange toujours ceux qui, avides de profit, entretiennent les masses dans une prison mentale en prônant le mot de **liberté** pour cacher la perfidie.

Il devait rassembler et unir toutes les communautés juives, et les ramener aux lois de Salomon dont il ne s'est jamais écarté. Le sceau de David est une grande clé du Grand Œuvre nous rappelant que l'homme (avec un H majuscule qui regroupe les hommes et femmes de bonne volonté) a le pouvoir de multiplier, de muter les éléments car ce qui est en haut est comme ce qui est en bas.

**La science sans conscience n'est que ruine pour l'âme. Une expérience en appelle une suivante,** et l'acquis est voué aux transformations que lui impose la mémoire. La suprême compréhension est de savoir pardonner. C'est considérer comme **<u>la suprême justice</u>**

| **Notre création = je suis = matière** | |
|---|---|
| | **Je pense** |
| | **Je parle** |
| | **J'agis** |

C'est le message qu'a voulu nous faire passer Jésus de Nazareth, auquel on peut ajouter : amour, compréhension, compassion, justice divine, retour à la foi intègre en mettant hommes et femmes ensemble dans l'équité des droits.

Il avait compris avant les autres l'effet miroir de la multiplicité par la pensée pure, et savait faire des miracles dont on parle encore aujourd'hui. L'esprit n'étant ni infirme ni malade, si on sait utiliser les canaux appropriés, on peut guérir les incurables s'ils sont en état de réception, d'espoir et de confiance.

Aujourd'hui on arrive à comprendre les soins qui agissent en profondeur par la transmission d'énergie, après les 2000 années de son passage.

Jésus a des milliers d'enfants, pas seulement dans les églises de pierres, partout aussi dans toutes les églises de chair.

Actuellement, beaucoup ont des dons de médiumnité et de guérison, depuis que le Savoir est à la portée de tous. Jésus nous a appris à ne pas juger et encore moins à condamner son prochain. Il nous a renvoyé à nous-mêmes, à notre foi intérieure, pour nous découvrir *DAVANTAGE* et apprendre qui nous sommes.

Il ne s'est jamais pris pour Dieu et a toujours eu le même langage, affirmant qu'il était son fils. Et nous, les enfants de qui sommes-nous ? La réponse est dans la question !

Nous sommes tous les enfants de la création quel que soit notre religion, notre milieu social et / ou culturel. Jésus a dit la vérité et la vérité dérange quand elle est différente, car dès qu'on la reçoit elle oblige à changer.

Nos dogmes nous ont imposé des limites. La vérité est partout et en tout, et la prière est dans nos cœurs avec d'autant plus de valeur qu'elle est exprimée avec plus de sentiment.

Deux mille ans ont passé et les pots en terre cuite ont subsisté, pour raviver notre mémoire et nous dévoiler des sentiments réels et justes. Attendons que le résultat des recherches soit divulgué pour accepter de nous transformer dans la même union, et souhaitons tous ensemble au nom de la liberté, que rien ne soit occulté

Nous n'avons été que trop trompés par le passé, et les églises ne se sont que trop enrichies en laissant toujours les pauvres convertis dans la misère !

Les religions sont nées de l'invention des hommes pour les hommes, comme les ordinateurs ont été créés par eux et pour eux. Chaque religion a une banque de données, des informations, des principes, des lois et des structures, tout en oubliant leur mission principale qui est de divulguer l'information « vraie », de nourrir les esprits par l'esprit de Dieu.

Les religieux ont dissipé les religions. Ils devaient unir et ne pas être séparatistes, réunir les âmes égarées sans distinction d'origine ni de culture, pour ensuite les unir à Dieu. Ils devaient rendre ces âmes libres et libérées face à un Dieu rempli d'amour et de compassion devant sa création.

Il faut arrêter les menaces, les flagellations, les punitions, les vengeances et ne plus permettre de tuer au nom de Dieu ! Aucun parent ne veut voir mourir son enfant!

On tue le corps, et l'esprit vient se venger, et on perpétue inlassablement les mêmes rôles :

Bourreaux — victimes
Oppresseurs — oppressés
Dictateurs — esclaves,
et surtout, encore et toujours le malheur.
Les âmes s'enrichissent des valeurs que nos intentions envoient de notre esprit. Les maladresses répétées entraînent une involution de l'âme, et celui qui met dans son cœur une intention juste, recevra la justice et son âme pourra progresser.

Ainsi, toute expérience peut être vécue dans le sens de l'évolution et permettre à l'individu de passer des paliers selon sa propre demande.

Non seulement, il faut pardonner aux autres car souvent ils ne savent pas bien ce qu'ils font, tout en ne s'oubliant pas soi-même dans ce pardon, car c'est seulement en se pardonnant qu'on ouvre la porte de son plexus solaire qui a emmagasiné toutes nos mémoires.

Sans le **pardon et la loi de l'Hospitalité,** on ne peut pas aller plus loin explorer son cœur et monter son taux vibratoire. L'esprit est prêt, c'est seulement l'ego qui bloque dans notre mental inférieur et ne nous laisse aucune chance d'aller plus loin.

Jésus a dit : « Celui qui n'a pas rencontré le fils ne peut pas voir le Père ». Le mot fils nous englobe nous tous, les autres enfants et si notre cœur est fermé, notre fruit sera sec nous privant de toute chance d'aller plus loin voir le Père.

La seule chose à faire est de retrouver notre instinct pour nous diriger, pour redécouvrir le plein exercice de nos cinq sens pour affirmer notre confiance en nous-même, et affermir notre foi.

Le temps ne compte pas, c'est nous qui l'avons créé sur notre Planète pour avoir des repères basés sur les saisons et les changements lunaires. L'Homme n'est pas fait pour vivre ailleurs que sur Terre.

L'amour et la vie sont les plus grandes richesses à portée de tous. Combien d'entre nous savent utiliser une journée au temps réel, en harmonie avec ses cinq sens, son instinct, ses convictions, sa foi intégrale, l'esprit libre et libéré et dans la joie d'être vivant, dans le mouvement permanent, avec le plaisir d'être vivant et bien là, et d'animer tout ce qui nous entoure.

D'écouter la plus belle des mélodies qu'est le silence, et de vivre la plénitude que procure la paix profonde de son for intérieur ?

Combien arrivent à cette légèreté, cette transparence, cette luminosité de l'esprit ? Et pourtant, elle est à la portée de tous aujourd'hui ! Rester soi-même, « sans mensonges » bien réel, les pieds ancrés au sol, car la vie est ici et maintenant, minute après minute, jour après jour.

Chaque journée compte car demain ne nous appartient pas ! Le temps nous sera probablement offert, il ne nous est pas dû et nous ne devons pas oublier que nous ne sommes qu'invités sur cet astre.

Sans regrets ni remords, il faudra être prêt pour repartir comme nous sommes venus avec notre âme en bagage, dépouillée *de* toutes les valeurs terrestres qui n'aident qu'au confort et au bien-être.

Le voyage sera long pour ceux qui ont oublié leur âme ou que leur esprit n'a pas cherchée !

La mort n'existe pas et notre horloge ou compteur personnel est toujours là, même après que l'on soit revenu dans une autre enveloppe charnelle, une autre famille, un autre contexte social ou appartenance religieuse, une autre couleur ou encore un autre sexe.

Notre âme est la même. Elle nous accompagne dans tous nos voyages, amie la plus fidèle et la plus discrète. Elle attend inlassablement notre réveil et l'heure de notre reconnaissance.

Vous interrogez très régulièrement votre esprit, surtout la nuit quand votre corps est au repos ? Il panse vos blessures de la journée et vous offre des rêves pour vous aider à oublier, à exorciser ce qui vous tourmente, *elle vous cajole.* Elle attend le jour solennel où elle pourra vous habiller de Lumière. Votre costume est prêt ; il n'attend que l'invitation de votre cœur.

L'esprit n'écoute que l'ordre qui vient du fond de la conscience, son amie. L'amitié réelle ne se mesure que par la constance des sentiments. Alors, soyez patient, acharné, passionné et sachez attendre les résultats.

Comment ouvrir son cœur ? C'est simple ! Il suffit de s'ouvrir à la vie, de communiquer avec Soi, d'utiliser en même temps ses cinq sens, de se faire plaisir et enfin de s'aimer :

- On ne peut pas aimer si on ne sait pas s'aimer soi-même.
- On ne peut pas faire plaisir aux autres si on ne se fait pas plaisir en même temps.

Prenons une journée, aujourd'hui par exemple, car hier est passé et demain ne nous appartient pas, même si on participe à la création de son futur avec l'Esprit Saint.

AUJOURD'HUI ? VOUS AVEZ DECIDE QUE C'EST LE GRAND JOUR.

Dès le réveil, remerciez d'être encore en vie,

En passant devant le miroir regardez-vous comme si vous vous voyez pour la première fois ; examinez bien tous les détails et souriez-vous, offrez-vous pour vous faire plaisir le petit-déjeuner que vous aimez. Préparez-le avec amour et aussi parfaitement que si vous le faisiez pour quelqu'un que vous aimez immensément. <u>L'invité c'est vous !</u>

Après vous être remercié de ce cadeau, humez les odeurs, régalez vos yeux, puis dégustez avec attention et application ces mets et boissons que vous voyez avec d'autres yeux, un nouveau regard.

Le dos bien calé, regardez votre univers quotidien dans ses détails. Il a changé. Tel objet vous attire, telle couleur vous paraît plus vive... Fermez les yeux et recréez tout cela mentalement, les bruits, les odeurs, les couleurs... Puis rouvrez les yeux pour vérifier que vous n'avez rien oublié, que tout est bien conforme. Cet exercice est amusant, léger et décontracté. Son but est l'évasion qu'il aura créée en vous.

Aujourd'hui, le mot « habitude » n'existe pas. Chaque geste doit être pensé, ressenti vécu dans sa totalité avec l'esprit. Aujourd'hui vous apprenez à aimer ce que vous faites.

Ensuite, quand vous prendrez votre douche, écoutez l'eau couler, sentez-la sur votre épiderme, soyez tendre avec votre corps et regardez-le d'un regard neuf. Ne vous contentez pas de le laver en pensant à autre chose, soyez attentif et toujours avec vous-même. Aujourd'hui vous ne pensez qu'à vous.

Après le rasage, monsieur, caressez votre visage et redessinez-en le contour avec vos doigts. Et vous madame, faites de même après avoir mis votre crème de jour.

Maintenant vous vous habillez pour aller travailler, ou faire des courses, ou simplement vous promener. Pensez à porter des vêtements de couleur et pas seulement du noir et blanc.

Où que vous soyez, soyez seul ce jour-là. Vous êtes avec vous-même et votre conscience. Ne vous dispersez pas. Apprenez à respirer cet air de tous les jours, laissez-le vous piquer le nez ou vous mordre les joues s'il fait froid, ou au contraire laissez-vous porter par la douceur de l'été. Vivez ce moment, respirez cet air à fond, emplissez vos poumons comme si vous aviez oublié que vous respirez tous les jours ce même air.

Ensuite regardez le ciel, même si vous êtes entouré de béton ; un coin du ciel est toujours dégagé et visible par tous. Observez sa couleur, la forme des nuages, regardez votre environnement quotidien en face. Détaillez tout ce qui vous entoure.

Arrêtez votre regard sur l'arbre le plus proche, et **observez le mouvement du feuillage, sa couleur,** puis fermez les yeux un moment sur le pas de votre porte et recréez mentalement les images que vous venez de voir en vous laissant guider par le vent, l'air, les bruits extérieurs et les rayons du soleil. Ces instants sont magiques car <u>vous voyez avec les yeux de votre esprit</u> et tout est inscrit dans votre mémoire.

Le temps terrestre est suspendu et tel un artiste, vous recréez votre tableau avec vos couleurs, votre ardeur et votre amour. Ce lieu de tous les jours est différent car c'est la première fois que vous le voyez avec les yeux de l'esprit.

**Souriez, riez et moquez-vous de vous d'avoir oublié si longtemps vos sens. Vous ne saviez pas que vous étiez un créateur !**

Quand vous tenez la porte à un étranger dans un lieu public, souriez-lui en même temps et en échange, il sera incité à vous faire un signe et vous dire merci. Quand vous regardez le sol et vos chaussures, il ne peut rien se passer ! et vous ratez l'essentiel, la vie, la lumière, les regards, les autres, le ciel...

Aujourd'hui est un nouveau jour, alors offrez-vous un luxe, celui de demander pardon à tous ceux que vous n'aimez pas (que la raison de cette antipathie soit ou non justifiée).

Vous ne risquez rien. Faites-le mentalement et dites-le à haute voix comme s'ils étaient à côté de vous. Vous pouvez même aller plus loin et leur dire que vous les aimez. Pardonnez-vous aussi à vous-même de les avoir attirés et rencontrés, et de la confiance que vous leur aviez accordée.

Reconnaissez qu'ils sont différents de vous et qu'ils ont le droit d'avoir un comportement différent du vôtre, et même contraire au vôtre. *C'est aussi cela la loi de l'Hospitalité !*

Vous vous sentez maintenant plus léger ! Alors faites une profonde respiration et continuez votre journée en vous occupant comme à l'ordinaire, sans perdre la conscience du but essentiel : ***être différent et tout accepter, donner, recevoir avec amour, que cela soit au travail, au supermarché, dans les embouteillages, dans un bus, en train, à la sortie de l'école...***

Souriez au maximum, n'employez que des mots gentils et positifs, repoussez toute colère qui viendrait ternir votre journée modèle. Soyez courtois au téléphone, ayez du plaisir à offrir de l'écoute, car il faut beaucoup écouter et donner pour recevoir.

Au travail, au supermarché, dans les transports en commun, refaites toujours le même exercice, recréez votre paysage, votre environnement et corrigez les détails oubliés, ***et n'oubliez pas de rire de vous-même de l'automate que vous êtes devenu.***

Si vous aimez la vie, la vie vous aimera. Si vous appréciez les autres, ils vous respecteront et certains vous aimeront. La vie est un échange et si vous faites le premier geste, le reste suivra. Vous devez être le déclencheur de tout et non le suiveur de rien.

Rien n'est fixé à l'avance sinon la date de votre départ. Certaines rencontres sont prévues car la loi du Karma existe. Avec amour et foi, vous pouvez tout surmonter. En modifiant votre façon de penser vous deviendrez plus fort et vous reprendrez confiance en vous.

Savez-vous que sur Terre vous êtes invité et que vous devez respecter la loi de l'Hospitalité inhérente à votre contrat de vie ? **N'oubliez jamais qu'un invité n'a pas tous les droits.** Il doit se respecter AINSI QUE SON ENTOURAGE, qui fait partie de son expérimentation.

Avant vous étiez ignorant, aujourd'hui votre esprit est ouvert et vous pouvez commencer le ménage. Tout ce qui est pensé est possible.

**Rien n'est véritablement créé ; tout est seulement recréé, modifié, transformé, transmuté.**

Chaque personne est unique et possède sa propre lumière et ses propres énergies. Il vous suffit de réactiver votre centrale. Vos milliards de cellules n'attendent que cela. Elles se réjouissent déjà de votre éveil et vont vous aider. Vous n'êtes pas seul, vos mémoires sont présentes en vous.

Si vous n'attirez pas d'affection autour de vous, c'est que vous êtes trop enfermé, que vous avez rétréci votre horizon avec vos tabous, votre caractère, vos doutes, vos craintes et vos peurs. Si vous n'attirez que des escrocs sans loi ni repères, c'est que votre vigilance manque de discernement.

Vous comprendrez après quelques mésaventures qu'il vaut mieux être seul avec soi-même que mal accompagné à l'extérieur, le temps d'apprendre à bien vous découvrir davantage et ensuite n'attirer auprès de vous des personnes avec qui vous attirer des attirances et même des affinités. La loi d'attraction existe.

En changeant vous-même à l'intérieur, vous changerez les autres à l'extérieur. De l'extérieur vous n'atteignez que le superficiel, le vernis et vous êtes privé du meilleur. Pour connaître un fruit et éventuellement agir sur lui, notamment le laisser mûrir, il ne faut pas se contenter de le regarder !

Quand vous vous reposez sur une plage, chaque grain semble identique aux autres, et pourtant chaque grain a son vécu et son histoire. Si vous mélangez des gouttes d'eau douce et d'eau salée, extérieurement par la consistance et la couleur, le mélange sera simplement de l'eau qu'il faudra goûter pour différencier l'eau douce et l'eau salée.

De même bien qu'ayant les mêmes attributs qu'un autre, chaque être humain est unique et donc différent. S'il condamne ce qui est différent de lui, c'est par ses appréhensions. Nous jugeons par peur, jalousie et convoitise et nous nous querellons pour avoir raison.

Personne ne détient l'unique vérité ! Alors pour ne pas reproduire les erreurs du passé, et alourdir un passif aux conséquences souvent dramatiques, il nous faut pardonner avec cœur et conviction, et jusqu'au dernier iota, ce qui nous a blessé, que cela vienne de nous ou des autres.

**Seuls le pardon et l'amour rétablissent la loi de l'Hospitalité.**

L'évolution est en route et nous devons la vivre dans la paix et la joie car ce n'est pas une révolte extérieure qu'il faut envisager, c'est une révolution intérieure novatrice, qui est nécessaire. Chacun a une route bien précise à prendre, chacun a un cœur à utiliser et seule l'unité apaise tous les cœurs à la fois. »

**Merci petite voix et merci à vous tous pour m'avoir accompagné à rétablir la LOI DE L'HOSPITALITE.**

**TOUS LES ROLES SONT NECESSAIRES POUR APPRENDRE COMPRENDRE ET ENSUITE TRANSMETTRE.**

## EPILOGUE

Prochainement, dans le livre II

### « Comment renouer avec la loi de l'Hospitalité et les autres lois divines, pour bien servir Dieu »

L'Acteur responsable de ses choix devient l'Auteur de sa vie et nous invite à le suivre dans la découverte de sa nouvelle pensée.

L'intelligence qui permet de devenir le bâtisseur de son théâtre, où se trouve l'esprit divin à l'intérieur de l'Etre.

L'auteur aime le public comme une partie de lui-même, et offre en partage tous les bienfaits de la loi de l'Hospitalité, en passant par la révélation primitive et les sept clés de la connaissance pour les transmettre en héritage aux frères et sœurs de toutes religions confondues dans l'univers pour sanctifier son nom.

Je, tu, il, on, nous, vous, parmi eux en Lui, et Lui parmi nous en nous tous, pour définir notre héritage spirituel !

L'Harmonie, le Partage, l'Union et l'Amour Universel deviennent sa constante nourriture.

Sa première pensée est un geste et une création pour ouvrir les sept portes, les sept sphères et les sept étages avec son passe-partout **LUI,** la septième clé.

**A TOUS CEUX QUI PEUVENT ÊTRE CONCERNES**

A LA GLOIRE DU GRAND ARCHITECTE DE L'UNIVERS QUI NOUS GUIDE VERS LA LUMIERE

UN APPEL A LA SAGE ET LA SAGESSE DIVINE ET UNIVERSELLE.

L'auteur Jean Claude HAOUARIA vous invite à lire

« Entre la raison et l'émotion » pour plus de détails.

A chacun son temps intérieur.

A mes enfants, mes liens sacrés à qui j'ai prêté mon corps pour permettre à leur âme de venir compléter leur temps.

A mes enfants spirituels sacrés par le Divin à qui j'ai prêté une écoute pour permettre à leur esprit de se retrouver et de continuer leur temps.

A ma famille, les liens du sang avec qui je partage les mêmes devoirs et d'autres valeurs pour contribuer à leur temps terrestre.

A mes amis spirituels retrouvés par la voie du cœur avec qui je partage les joies de l'esprit, l'échange et la confirmation que je suis hors temps et qu'il n'existe pas pour moi.

A mes chers amis, frères et sœurs qui sont dans mon cœur et avec moi dans le partage et qui n'ont besoin de rien d'autre que d'être là pour moi au bon moment et toujours présents.

A mon entourage qui me côtoie et croit me connaître, et qui commence seulement à me découvrir, pour qui je représente une vitrine, un témoin du temps.

A tous mes frères et sœurs de lumière qui vont me découvrir en se retrouvant, car le temps n'existe pas pour nous, le temps est suspendu au présent éternel, dans la constance de la présence.

A mes parents chéris à qui je n'ai pas souvent dit je t'aime » car je viens d'un temps où ces mots ne se disaient pas.

A mon père céleste l'Eternel qui m'a permis avec sa présence d'être ici et maintenant dans le Souffle et le Verbe.

A ma mère nourricière la Terre que je remercie de son hospitalité et de son amour constant.

A chaque lecteur qui se réveille d'un long endormissement volontaire et mal assuré car il est temps d'être bien avec sa conscience et son entourage en même temps

Du même auteur :

« Le message »

« Être la raison et l'émotion »

«  Les sept clés du bonheur »

# SOMMAIRE

**Comment rétablir la loi de l'hospitalité**